Sabine Asgodom

Erfolg ist sexy!

29,90

Sabine Asgodom

Erfolg ist
sexy!

Die weibliche Formel
für mehr Lust
im Beruf

Kösel

ISBN 3-466-30492-X
© 1999 by Kösel-Verlag GmbH & Co., München
Printed in Germany. Alle Rechte vorbehalten
Druck und Bindung: Kösel, Kempten
Umschlag: Kaselow Design, München
Umschlagmotiv: Bavaria Bildagentur

1 2 3 4 5 · 03 02 01 00 99

*Gedruckt auf umweltfreundlich hergestelltem Werkdruckpapier
(säurefrei und chlorfrei gebleicht)*

Inhalt

Für Bilen, Semhar
und Teferi

Die Zeit des Kämpfens ist vorbei!

Erfolg ist sexy. Gefällt Ihnen dieser Titel? Weckt er auch in Ihnen ein bisschen den Vamp? Wippen Sie erwartungsvoll mit den Füßen, ziehen Sie eine Augenbraue hoch und kräuseln Ihren Mund? Dann sind Sie genau in der richtigen Stimmung für dieses Buch. Ich werde Ihnen in den folgenden Kapiteln die sinnlichen Seiten der Karriere beschreiben, Sie werden erfahren, wie Sie mit der Macht Ihrer Leidenschaft den Erfolg erreichen, den Sie sich wünschen, und wie Sie die weibliche Formel für mehr Lust im Job anwenden können.

Erfolg ist anstrengend. Das haben wir uns jahrelang einreden lassen und wir waren bereit, dafür zu schuften und zu büßen, zu verzichten und zu kämpfen. Ich selbst habe als Redakteurin lange diesem Wahn angehangen, habe Frauen aufgefordert, doch noch ein bisschen besser, noch ein bisschen tüchtiger zu werden. Weil ich mir wünschte, dass sie in Entscheidungspositionen gelangen sollten. Bis ich merkte, dass wir Frauen uns in zu hohe Anforderungen manövrieren (lassen). Und ich frage mich heute manchmal: Ist die Arbeit im Top-Management einer großen Firma überhaupt noch mit den Menschenrechten zu vereinbaren? (Die gelten übrigens auch für Männer.)

Wir brauchen uns vielleicht nicht zu wundern, dass das Wort »Karriere« inzwischen bei jungen Frauen einen schlechten Beigeschmack hat, der sie davor zurückschrecken lässt wie vor dem rotwangigen Apfel der bösen Königin. Selbst wenn sie ganz ungebrochen Lust auf Erfolg haben, schreckt sie doch die Kälte des Wortes »Karriere«. Und sie möchten alles andere werden als eine typische Karrierefrau, dieses Wort ist ja »total achtziger«.

Eine Studie des Trendbüros Hamburg hat ergeben, dass der innovativste Frauentyp des kommenden Jahrhunderts die »moderne Amazone« sei. Sie nutze

Sich selbst verwirklichen – aber nicht um jeden Preis.

als Pionierin die neuen Arbeitsformen und die Möglichkeiten des Informationszeitalters, um Berufs-, Privat- und Sozialleben miteinander zu vereinbaren. Dabei sei sie nicht so verbissen wie die Karrierefrau der achtziger Jahre. Ihr Ziel sei Selbstverwirklichung, aber nicht um jeden Preis.

Noch ein Hinweis auf diese »Karriere-Zögerlichkeit« junger Frauen: Bei den berühmten »Frauenbüchern« stellen Verlage fest, dass die Leserinnen die Nase voll haben von Superweibern, bösen Mädchen und knallharten Machiavelli-Anhängerinnen. Souveränes Selbstbewusstsein ist gefragt. Oder, wie es die Hamburger Professorin Dr. Sonja Bischof ausdrückt: »Hier wächst eine Generation junger Frauen ohne Diskriminierungserwartung heran.«

Allen skeptischen jungen Frauen, aber auch den Anzug tragenden High Potentials in Wirtschaftsunternehmen, möchte ich gern zeigen, dass Erfolg etwas sehr Warmes, Sinnliches sein kann. Wenn sie selbst das Ruder auf ihrem Erfolgsweg in der Hand behalten. Und sich selbst unterwegs nicht vergessen.

Das Kämpfen-Müssen auf dem Karriereweg, dieses Sich-Fügen in vorgegebene Erfolgsmuster löst aber auch Unzufriedenheit bei den Frauen aus, die schon einige Stufen emporgeklommen und durchaus stolz auf ihren Erfolg sind. Denn sie haben sich selbst dabei ein Stück verloren. Der Preis ist verdammt hoch: Sie waren die »besseren Männer«, mussten doppelte Leistung zeigen und in dem männlich geprägten Umfeld weibliche »Emotionalität« verleugnen. Verzichteten auf Lebenslust, oft auf Kinder und Familie. Das war für sie der einzige Weg, sich gegenüber Barrieren und Vorurteilen durchzusetzen und ihren Platz zu erkämpfen.

Die Bereitschaft sinkt, diesen Weg weiterzugehen. »Das kann doch nicht alles gewesen sein?«, denken Frauen und beginnen mit 30 oder 40 Jahren noch einmal ganz von vorn. Sie versuchen, zwei Begriffe, die unvereinbar schienen, miteinander zu verbinden: Erfolg und Sinnlichkeit.

Jawohl, sie möchten sich im Beruf verwirklichen, etwas Sinnvolles schaffen, Geld verdienen, Anerkennung bekommen. Aber sie möchten dabei auch Frau bleiben, ihre Weiblichkeit leben dürfen, Freude und Lust empfinden, ihre eigene Formel für Zufriedenheit und Glück finden.

Glück, dieser Begriff ist aus unserem Wortschatz fast verschwunden, aus unserem privaten und aus dem gesellschaftlichen. Dabei ist doch das höchste Bestreben des Menschen, glücklich zu sein. Glück wurde ersetzt durch Karriere, Geld, Reichtum, Wohlstand; es wurde ersetzt durch Recht haben, mehr haben, besser sein, bestimmen, befördert werden. Diese Form von Leben ist jedoch ziemlich unerotisch. Wo bleibt da das Kribbeln, wo bleiben die Schmetterlinge im Bauch, wo bleibt dieses unwiderstehliche Ziehen im Leib? Wo die rauschenden Feste, das Spiel, der Tanz, die Geselligkeit?

Diesen Frauen möchte ich zeigen, dass sie nicht auf all das verzichten müssen, denn Erfolg und Glück schließen sich gar nicht aus. Im Gegenteil. Es macht Spaß, gelobt zu werden, Dinge zu bewegen, Menschen zu begeistern, Geld zu verdienen, sinnvolle Dinge zu tun. Es macht Spaß, wenn wir unseren Erfolg mit Leib und Seele genießen können. Und wenn wir unsere eignen Maßstäbe setzen. Wenn wir selbst bestimmen, was Erfolg für uns bedeutet und wie viel wir zu investieren bereit sind. Wenn wir selbst Ziele und Investitionen definieren. Dazu gehört ein gewisses Maß an Gelassenheit. Sie werden später in einem Adventurespiel die sieben Schlüssel zur Gelassenheit erobern können.

Erfolg und Glück schließen sich nicht aus.

Doch auch im wirtschaftlichen Umfeld verändert sich etwas in Richtung Sinnlichkeit. Es wird langsam klar, dass es im Beruf nicht nur auf Fleiß oder Ausdauer ankommt. Sondern dass es der ganzen Persönlichkeit bedarf, um die Herausforderungen der Zukunft zu meistern. Also einer Persönlichkeit, die bei Sinnen ist, das heißt, die all ihre Sinne benutzt, um entscheiden und handeln zu können. Stichwort *Emotionale Intelligenz.* Oder wie mir einmal ein Vorstandsvorsitzender sagte: »Wir brauchen gute Frauen in der Wirtschaft. Coole Fuzzis haben wir schon genug.«

Personalentwicklung ist nicht zufällig eine der Hauptaufgaben innovativer Unternehmen. Denn frustrierte Erbsenzähler, die zum Teil schon innerlich gekündigt haben, können für die Zukunft eines Unternehmens in stürmischen Zeiten nichts tun. Es bedarf Menschen, die mit Lust und Freude arbeiten, nur dann können sie beste Leistungen und kreativen Input erbringen. Der amerikanische Psychologe Daniel Goleman behauptet in seinem Bestseller *Emotionale Intelligenz,* dass der Mensch 80 Prozent seiner Erfolge im Beruf und im Leben seiner emotionalen Intelligenz verdankt und nur 20 Prozent der rationalen. Der Philosoph Blaise Pascal schrieb sogar schon 300 Jahre früher: »Das Herz hat seine Vernunft, die der Verstand nicht kennt. Man weiß das aus tausend Beispielen.«

Der deutsche Psychologe Fritz Stemme beklagt in seinem Buch *Die Entdeckung der Emotionalen Intelligenz,* dass in der Wirtschaft Manager durch ihren Mangel an Einfühlungsvermögen und Menschenkenntnis ganze Unternehmen in den Ruin führten. »Sie verwechseln Aggressivität mit Durchsetzungsvermögen, Feindseligkeit mit Selbstbehauptung und Coolness mit Überlegenheit und Führungsverhalten. Häufig herrscht bei ihnen nur emotionale Kälte. Im Umgang mit Emotionen grenzt das bisweilen an Debilität.«

Was hilft gegen »dumme« Manager? Intelligente Manager und Managerinnen, die den Zugang zu ihren Gefühlen noch nicht verloren haben, für die Menschlichkeit und Einfühlungsvermögen keine Fremdworte sind und die wissen, dass Empathie keine Kinderkrankheit ist, sondern die Fähigkeit, sich in andere Menschen hineinversetzen zu können. Der Autor Manfred Jahrmarkt zitiert in seinem Buch *Das Tao-Management* eine Umfrage unter Personalexperten, danach wird der Manager von morgen:

● mehr als heute die Unternehmenskultur pflegen müssen;
● mehr Wert auf Spaß bei der Arbeit bei sich und anderen legen;
● viele Fähigkeiten eines Moderators haben müssen;
● mehr Charisma haben;
● bei seinen Mitarbeitern beliebt sein müssen;
● unter Umständen nur für eine begrenzte Zeit Manager sein;
● seinen Mitarbeitern mehr als heute persönlich und privat zur Seite stehen;
● bei seiner Karriere auch auf die Zustimmung seiner Mitarbeiter angewiesen sein;
● Statussymbolen weniger Bedeutung zumessen;
● vermehrt eine Frau sein.

Frauen bringen offensichtlich zahlreiche Qualitäten Gewinn bringend ins Management von morgen ein und nicht nur dort (Gewinn ist übrigens das Einzige, was Unternehmen interessiert):

- Frauen denken ganzheitlich, das heißt, sie berücksichtigen die Folgen ihres Handelns mehrdimensional. Sie überlegen also nicht nur: Was ist machbar? Sondern auch: Was wird dann sein? Welche Folgen hat das für die Menschen oder für die Umwelt?
- Sie arbeiten sachbezogen, bringen Aufgaben voran, ermöglichen oft schneller praktische Lösungen als Männer.
- Niemand kennt den Endverbraucher besser als eine Frau, denn sie übernimmt die soziale Verantwortung in dieser Gesellschaft, für Familienangehörige, Nachbarn, Freunde. Sie weiß, was ein halbes Pfund Butter kostet.
- Frauen haben den Mut Dinge zu hinterfragen. Sie brechen sich keinen Zacken aus der Krone und fragen nach: Was soll ich damit, wozu brauche ich das? Geht das nicht einfacher?
- Frauen stellen Althergebrachtes in Frage: Warum müssen erfolgreiche Menschen 14 bis 16 Stunden am Tag arbeiten? Sind sie vielleicht nur schlecht organisiert? Oder: Warum muss eine Konferenz am Freitagnachmittag um 17 Uhr angesetzt werden? Möchte da nur jemand warten, bis die Kinder ins Bett gebracht worden sind?

Unterstützt werden die frechen Frauen dabei ganz wesentlich von ihren sieben Sinnen. Ich möchte Ihnen deshalb in diesem Buch die sinnlichen Seiten des Erfolgs aufzeigen und folgende Fragen beantworten:
- Warum Schluss sein muss mit männlich geprägtem Karriere-Hunting. Wie Frauen mit Kreativität, Freude, Intuition und einer Spur Gelassenheit ihre ganz eigenen

15

Lebensziele erreichen und noch erfolgreicher werden können.

- Warum Schluss sein muss mit dem ewigen Lauf im Hamsterrad. Nur zu funktionieren genügt nicht. Warum Sinnlichkeit dabei motivierend wirkt.

- Warum Schluss sein muss mit der einseitigen Definition von Energie: Oben Energie einfüllen, damit unten Arbeit herauskommt. Wie aus harten Powerfrauen sinnliche Frauen werden. Warum wir unsere Weiblichkeit nicht mehr verleugnen, sondern im Gegenteil aktiv einsetzen sollten.

- Warum Schluss sein muss mit Kampf und Krampf. Wie wir durch den spielerischen Umgang mit unserem Beruf mehr Spaß an Arbeit und Leben bekommen. Und wie die gelassene Karriereplanung aussieht.

- Warum Schluss sein muss mit Jobs, die wir hassen oder die uns zu Tode langweilen. Welche Macht die Leidenschaft bekommt.

Ich möchte Ihnen außerdem am Beispiel einiger ausgesuchter erfolgreicher Frauen zeigen, wie viel Lustgewinn sie aus ihrem Beruf ziehen, woraus sie Kraft schöpfen, was sie bewegt und was sie bewegen. Ich habe diese Frauen gefragt: »Wie schmeckt eigentlich Erfolg?« oder »Wie feiern Sie Ihre Erfolge?«

Erfolg ist sexy! Sexy ist ein Wort, das lange Zeit verpönt war. Welche karriereambitionierte Frau wollte in den letzten zehn, zwanzig Jahren schon sexy sein? Sexy, das war ein Synonym für Minirock und Popowackeln, Löwenmähne,

Schmollmündchen und naiven Augenaufschlag. Sexy war billig, sexy gehörte sich nicht für die aufgeklärte, die emanzipierte Frau. Doch sexy heißt auch: sinnlich, charmant, lebenslustig, erotisch, zauberhaft. Und deshalb stimmt auch der Titel dieses Buches:

Sexy heißt auch sinnlich, charmant, lebenslustig, erotisch, zauberhaft.

- Erfolg ist sinnlich.
- Erfolg ist charmant.
- Erfolg ist lebenslustig.
- Erfolg ist erotisch.
- Erfolg ist einfach zauberhaft.

Erfolg ist dabei nicht unbedingt mit der Position ganz oben, an der Spitze eines Unternehmens gleichzusetzen. Er kann es bedeuten. Aber er muss nicht. Erfolg hat nichts mit Titeln zu tun und nicht nur etwas mit Geld. Erfolg bekommt eine neue Qualität. Es heißt nicht mehr höher, schneller, weiter um jeden Preis. Erfolg ist, so meine Definition, wenn wir selbstbewusst mit unseren Fähigkeiten und unserem selbst bestimmten Einsatz die Ziele erreichen, die wir uns selber setzen. Das kann durchaus eine Herausforderung sein, durchaus ein Balanceakt, durchaus eine »Wahnsinnsnummer«. Um keine Missverständnisse aufkommen zu lassen: Es gibt keine Position, keine Aufgabe in der Wirtschaft, die nicht ebenso gut von einer Frau erreicht oder bewältigt werden kann. Es geht darum, die »weibliche Heldin« zu finden, wie es die amerikanische Autorin Diane Ealy einmal genannt hat. Es darf manchmal aber auch etwas stiller zugehen. Für mich ist Erfolg oft schon das gute Gefühl am Abend nach einem Seminar, wenn ich müde und zufrieden mit meiner Familie zusammensitze, mit der Gewissheit, gute Arbeit geleistet zu haben. Wenn ich Menschen motivieren konnte, und wenn alle dabei noch tüchtig Spaß hatten. Ich habe gutes Geld verdient und selbst wieder etwas gelernt. Und jetzt scherzen und diskutieren wir, schmieden Pläne für den Urlaub, und ich weiß, dass ich am nächsten Tag frei habe.

Ich teile nicht den Ehrgeiz mancher Trainerkollegen, vor lauter Aufträgen möglichst überhaupt keinen freien Tag mehr im Jahr zu haben oder davon zu schwärmen, in den letzten Monaten nur noch vier Stunden pro Nacht geschlafen zu haben. Ich bin auch ehrgeizig, keine Frage. Und ich möchte richtig gut Geld verdienen. Ich bin stolz auf Aufträge bei Bosch, Quelle oder Daimler Chrysler, erzähle gern davon. Aber ich brauche meine acht Stunden Schlaf und Zeit für meinen Mann und meine Kinder. Das hat mit meiner Vorstellung von Lebensqualität zu tun.

Wir wissen, dass die Erfolgskriterien von Männern nicht immer dieselben sind wie die von Frauen. Männer setzen auf Karriere, Geld, Statussymbole, Wichtigkeit, Laufbahn, Macht, Unersetzlichkeit, das Sagenhaben, Herausforderungen. Frauen haben »Erfolg« in den letzten Jahren für sich neu definiert. Ihr Erfolgsbegriff ist wesentlich individueller, bunter. Für sie gehören neben Geld und Macht vor allem Spaß, Sinn, Selbstbestimmung, Sichbeweisen, die Vereinbarkeit mit der Familie, mit Men-

Männliche und weibliche Erfolgskriterien unterscheiden sich wesentlich.

schen zu arbeiten und gute Stimmung dazu. So erbrachte eine aktuelle Studie der Konrad-Adenauer-Stiftung über weibliche Lebensstile, dass die Bedeutung des Berufs für unter 40-Jährige Erfolg und gute Verdienstmöglichkeiten durchaus einschließt, dass aber im Vordergrund der Wunsch nach persönlicher Selbstverwirklichung steht. Darunter wird verstanden, dass die berufliche Tätigkeit interessant sein muss, dass sie den eigenen Fähigkeiten und Neigungen entsprechen sollte und dass sie selbständiges Arbeiten ermöglicht. Der Beruf wird somit ganz stark als ein Mittel zur Selbstentfaltung betrachtet. Diese Frauen, von den Wissenschaftlerinnen als »berufsorientiert, postmaterialistisch eingestellt und selbstbewusst« charakterisiert, würden sogar in der Mehrzahl bei »unverhofftem Reichtum« nicht aufhören zu arbeiten.

Erfolg ist also längst kein starrer Begriff mehr. Erfolg mag für die eine bedeuten, als einzige Frau zu den Top 100 in der Managerriege eines Großkonzerns zu gehören. Für die andere bedeutet Erfolg vielleicht Beruf und Kinder gut miteinander vereinbaren zu können – ohne schlechtes Gewissen. Und eine dritte verwirklicht sich in ihrem Beruf, weil es Sinn für sie macht, genau diese Arbeit, die sie tut, zu tun. Allen drei Modellen ist gemeinsam, dass Erfolg Spaß macht. Dass das Streben nach Erfolg eine klasse Motivation ist. Und dass in allen drei Modellen die Frauen zufrieden mit ihrer Situation sind, kurz gesagt, glücklich.

Denn Erfolg ist nur dann sexy, wenn wir uns selbst dabei vor lauter Gewinnen nicht verlieren und wenn dabei unsere ureigenen Bedürfnisse befriedigt werden: nach Nähe oder

**Das Zauber-
wort heißt
Sinnlichkeit.**
Menschlichkeit, Freude oder Abenteuer, Herausforderung oder Anerkennung, Zeitsouveränität oder Spaß.

Das Zauberwort dabei heißt Sinn-
lichkeit. Lassen Sie sich dieses Wort einmal auf der Zunge
zergehen: Sinnlichkeit.

- Dieses Wort schmeckt wie zart schmelzendes Sahneeis
  in Ihrer Lieblingssorte.
- Es duftet nach Ihrem Lieblingsparfum.
- Es ist wie der Blick auf Ihr Lieblingsbild.
- Es klingt wie Ihr Lieblingslied.
- Es ist wie das Gefühl, wenn ein lauer Wind an einem herr-
  lichen Sommertag über Ihre gebräunte Haut streicht.
- Es ist wie ein tiefes, befreiendes Lachen, das aus Ihrem
  Inneren hochsteigt und eine jubelnde Freude auslöst.

Merken Sie, wie tief diese Sehnsucht nach Sinnlichkeit sitzt?
Und darauf sollen wir verzichten, nur weil wir beruflichen
Ehrgeiz besitzen? Wie viele Leben haben wir denn, dass wir
so großzügig mit Glück umgehen könnten?

Ich weiß, wir haben uns lange Zeit einreden lassen, dass
wir nicht alles haben könnten. Dass wir entweder hinge-
bungsvolle Gattin mit Aussicht auf »seine« Lebensversiche-
rung sein könnten oder »Working Girl«, aber dann bitte mit
allen Lasten des Alltags:

- 14-Stunden-Tag? Ja, anders kann man heute eben nicht
  Karriere machen!
- Privatleben ade? Ja, Sie müssen mobil sein, wenn Sie
  nach oben kommen wollen.

- Magengeschwür und Migräne? Glauben Sie, Männern ginge es besser? Erfolg bekommt man nicht geschenkt, Mädchen.
- Kinder? Aber bitte, kein Problem. Wenn man nichts von ihnen merkt. Und wenn es Ihnen nichts ausmacht, so als Rabenmutter.
- Gefühle? Ach, seien Sie doch nicht so emotional! Im Business zählen nur Fakten, Fakten, Fakten. Sonst können Sie Männer nicht überzeugen.

In den USA kursierte vor einigen Jahren ein Gerücht, wonach angeblich eine Universitätsstudie ergeben hätte, dass statistisch gesehen berufstätige Frauen größere Chancen hätten, von einem Terroristen erschossen zu werden, als einen Mann zu finden. Das Infame an diesem Gerücht bestand weniger darin, dass diese Studie frei erfunden war, sondern mit welcher Schnelligkeit und Hartnäckigkeit es sich verbreitete. Nach dem Motto: Ja, schade, Mädels, ihr habt zwar eine Menge erreicht, aber als Frauen seid ihr damit leider total durch.

Geben Sie es ruhig zu, im Hinterkopf haben wir ganz ähnliche Vorurteile oder Ängste: Erfolgreiche Frauen sind hart, kalt, gefühllos, unerotisch, unattraktiv, unbemannt. Oder praktisch gedacht: Vielleicht sollte ich lieber nicht zu erfolgreich werden, sonst schrecke ich die Männer ab.

Dass diese Vorurteile ziemlich tief sitzen, erlebe ich besonders, seit ich von diesem Buch erzähle. Ich sage: »Erfolg ist sexy.« Neun von zehn Frauen verstehen: »Erfolg macht sexy.« Und ein erwartungsvolles Strahlen zieht über ihr Gesicht. Ja, und das stimmt auch. In diesem Buch kommt die

Wechselwirkung zwischen Erfolg und Ausstrahlung ganz klar heraus. Aber nur wenn dieser Erfolg mit allen Sinnen erlebt, ausgekostet und widergespiegelt wird.

Übrigens und dies nur am Rande: Zwei in London veröffentlichte Studien, so berichtete die Süddeutsche Zeitung am 17. 7. 1998, haben ergeben, dass Männer und Wohlhabende die meiste Freude am Sex hätten. Und dass es die Lebenserwartung steigere, wenn man sich ein bisschen Spaß gönne. Na, dann mal los.

Der aktive Kontakt zu unseren sieben Sinnen unterstützt uns aber auch dabei, noch erfolgreicher zu werden:

- Wir bleiben in Kontakt mit uns selbst, spüren uns, empfinden uns, sind eine »ganze« Person.
- Die Sinne helfen uns, unsere Umgebung wahrzunehmen und angemessen zu reagieren.
- Unser »sinnlicher Verstand« hilft uns, besser zu werden. Weil wir wacher durch das Leben gehen, weil wir unsere Entscheidungen und Handlungen auf eine breite Basis stellen, weil wir unsere Intuition stärken.

Ich möchte Ihnen in diesem Buch ein komplettes Sinnesprogramm präsentieren, das die Anwenderinnen für Botschaften und Chancen sensibilisiert, das ihr Selbstbewusstsein steigert und das Beruf und Lebensglück auf beste Weise vereinen hilft. Insbesondere wird es bei diesem Sinnesprogramm darum gehen:

- Chancen und Risiken zu sehen,
- auf Zwischentöne zu hören,
- den richtigen Riecher zu haben,

- den Erfolg auszukosten,
- Fingerspitzengefühl zu entwickeln,
- Stimmungen zu erspüren und
- sich und andere zu bewegen.

Die Zeit des Kämpfens ist vorbei – und die des Beweisens. Beides war notwendig, um Frauen die Türen zu Berufen und Positionen zu öffnen. Aber jetzt ist die Zeit gekommen, die eigenen Ziele mit Gelassenheit anzugehen. Sie beginnt, weil alle Forderungen gestellt, alle Fähigkeiten bewiesen und alle Ansprüche angemeldet sind. Jetzt heißt es handeln. Frauen werden zukünftig ihre Energie, ihre sinnliche Intelligenz und ihre intuitiven Fähigkeiten ganz neu einsetzen. Um die Ziele zu erreichen, die sie sich selber setzen.

Die Zeit des Kämpfens ist vorbei.

»Mein Erfolgs-
geheimnis heißt
Mut!«

Ein Porträt von Renate Exner

❑ *Renate Exner, 45, ist Managerin bei einem großen Telekommunikationsunternehmen in München.*

Erfolg schmeckt wie ein wundervolles zartes Filet oder ein raffinierter Fisch, er zergeht auf der Zunge und regt alle Geschmacksknospen an.« Renate Exner muss selber lachen, als sie träumerisch die Augen verdreht, sich die Lippen leckt. Erfolg ist die Überschrift für ihren Berufsweg. Und doch nur ein Teil der Wahrheit.

Renate Exner war 25, als sie ihre akademische Ausbildung abbrach. Sie hatte Volkswirtschaft in Konstanz und Berlin studiert, alle Diplomprüfungen bestanden. Doch ihre Diplomarbeit schrieb sie nicht mehr. Sie war schließlich verheiratet, hatte gerade eine Tochter bekommen und dachte, ihr Mann, ein Libanese, würde die kleine Familie schon versorgen. »Ich war damals überhaupt nicht zielorientiert, mein Mann hatte Pläne, das reichte doch. Ich habe damals wirklich geglaubt, Familien halten für immer und ewig.«

Wer sie heute sieht, eine selbstbewusste, allein erziehende Mutter dreier Töchter und erfolgreiche Carrier Sales Managerin bei einem großen Telekommunikationsunternehmen in München, hält diese Naivität für unmöglich. Und doch bestätigt sie noch einmal: »Ich hatte den Wünschen meines Mannes nichts entgegenzusetzen, ja ich wusste nicht einmal, dass ich mich wehren konnte.« Also beantragte sie in Berlin, wie von ihrem Mann geplant, die Lizenz für ein Cafe, das sie und ihr Mann gemeinsam betrieben – acht Jahre lang. Solche Sprünge ins kalte Wasser sollten symptomatisch werden für ihr Berufsleben. Und Mut wurde zu ihrer kraftvollsten Eigenschaft.

Renate Exner bekam in dieser Zeit in Berlin noch zwei Töchter, beschäftigte 20 Angestellte und arbeitete im Schnitt 60 Stunden die Woche. Dann verkauften sie den Laden, weil ihr Mann nach Spanien wollte, um sich dort ebenfalls mit einem Restaurant selbständig zu machen. Doch nach zwölf Monaten war das Geld in Marbella verlebt und für die Zukunft nichts getan. »Da schnappte ich mir die Kinder und ging zurück nach Deutschland!«

1988 kam sie nach München, wo ihr ein Studienkollege eine Stelle als Personalberaterin anbot: »Fang bei mir an, du kannst das schon.« Aus dem Willen heraus, sich und ihre Mädchen durchzubringen, ergriff sie diese Chance. »Ich bin sehr belastbar und stressresistent, kann mich gut motivieren

Probleme werfen mich nicht aus der Bahn, sondern sind dazu da, gelöst zu werden.

und aufbauen. Das hat mir dabei geholfen. Heute weiß ich: Probleme werfen mich nicht aus der Bahn, sondern sind dazu da, gelöst zu werden.«

Sie war von Anfang an erfolgreich, stieg zur Partnerin auf, bis in den Jahren 1992/93 durch die Rezession und Einstellungstops das Geschäft nicht mehr lief. Wieder eine Zäsur in ihrem Leben, die Mut verlangte. 1994 wurde sie selbst von einer Kollegin in den Vertrieb einer Telefonfirma vermittelt. »Ich habe damals ein Telefon nicht von einem Radio unterscheiden können«, sagt Renate Exner etwas überspitzt, »aber Frauen waren in dieser Pionierzeit in der Branche sehr geschätzt. Sie bekamen leichter Termine bei den anvisierten Kunden und galten als kommunikativ.«

Sie setzte sich wiederum durch. Als ersten großen Kunden gewann sie die Dasa in München, andere folgten bald. Ihr Erfolgsrezept: »Ich vertraue auf meine Intuition, versuche, mich in meine Kunden hineinzuversetzen. Ich versuche zu erkennen, was verfolgt er für persönliche Ziele, will er sich profilieren? Welche Probleme hat er in seinem Unternehmen? Wie können wir eine stressfreie Lösung finden?« Schon als Kind, so erinnert sie sich, hatte sie gelernt, auf Stimmungen zu achten. Vor lauter Einfühlungsvermögen, so ihre Erkenntnis heute, »darf man nur nicht die eigenen Ziele aus den Augen verlieren«.

Doch Erfolg schafft Neider. Nach zweieinhalb Jahren als erfolgreiche Vertriebskoordinatorin wurde sie von einem jüngeren Kollegen gemobbt, der auf ihre Stelle scharf war. In der kleinen Firma mit zehn Angestellten gab es wenig Aufstiegsmöglichkeiten. Und dieser Kollege fand bei ihrem Chef offene Ohren für seine Beschwerden über sie. »Es waren nur drei Männer in der Firma, aber die bildeten sofort einen Klüngel. Frauen spielten da keine Rolle mehr.« Renate Exner: »Mein Chef rief mich in sein Zimmer und schrie mich zusammen, ohne mich zu Wort kommen zu lassen. In der Minute habe ich innerlich gekündigt. Ich war stinkwütend und mir war klar, zusammenschreien lasse ich mich nur einmal. Das bin ich mir selbst schuldig.« Ihr Chef fiel aus allen Wolken, als sie tatsächlich wenige Monate später kündigte. »Er hatte mich erst nicht verstanden, ich wiederholte meine Kündigung. Fassungslos fragte er, ob er mich überreden könnte zu bleiben. Natürlich nicht.«

Das Zimmer verließ Renate Exner, die Schultern hoch erhoben, mit Genugtuung, dem Gefühl von Freiheit, aber auch ein wenig verwundert darüber, dass es ihm nicht klar gewesen war, was er bewirkt hatte. »Und das, obwohl ich mich vom Zeitpunkt der Auseinandersetzung an von ihm zurückgezogen hatte. Ich kann mir das nur so erklären, dass er früher Gutsherr war. Er war es einfach nicht gewöhnt, auf die Befindlichkeiten anderer zu achten. Und Leibeigene gehen bekanntlich nicht.« Trotz alledem ist Renate Exner diesem Chef bis heute für eins dankbar: Er hat ihr in dieser spannenden Branche eine Chance gegeben. »Und das, obwohl ich drei Kinder hatte und allein erziehend war. Ich habe ihm nichts vorzuwerfen außer seiner adeligen und männlichen Verblendung.« Sie wurde am Tag nach der Kündigung freigestellt und erlebte danach wunderbare zwei Monate bis zum Antritt ihrer nächsten Stelle. »Ich hatte seit dem einen Jahr in Spanien endlich mal wieder Zeit für mich. Ich habe mir CD-ROMs aus der Bibliothek geholt und jeden Tag zwei Stunden Sprachen gelernt. Ich war endlich mal wieder ausgeruht.«

Und dann folgte der nächste Sprung ins kalte Technik-Wasser. Sie übernahm als Account Managerin ein Vertriebsgebiet in der Datenkommunikation, »davon hatte ich nicht richtig Ahnung«. Ihre Aufgabe: Serviceangebote für Telefon, Internet und virtuelle private Netze zu verkaufen. Zu ihren Kunden zählten internationale Unternehmen, die weltweit Daten austauschen müssen und das zu einem möglichst günstigen Tarif. Nach einer kurzen Einarbeitungszeit bekam sie technisch anspruchsvolle Projekte mit wichtigen und auch äußerst schwierigen Geschäftskunden. »Oft fuhr ich abends tränenüberströmt nach Hause. Ich dachte, ich pack es doch nicht.« Doch sie setzte sich durch. Als sie den allerschwierigsten Kunden überzeugt und einen großen Auftrag an Land gezogen hatte, war sie in ihrem Element.

Was sieht sie selbst als ihre besondere Stärke an? »Wenn ich ein Problem habe, kann ich mich zurücklehnen, es aus einiger Distanz betrachten und nicht zu persönlich nehmen. Dann analysiere ich meinen eigenen Anteil an der Situation und versuche immer, etwas Positives mitzunehmen.«

Überhaupt ist Renate Exner ein positiver Mensch, der sich nicht allzu viele Sorgen macht. »Vor vielen Jahren habe ich von Thorwald Dethlefsen das Buch *Schicksal als Chance* gelesen und seither nicht mehr mit meinem Schicksal gehadert. Ich habe jetzt so ein Grundvertrauen, alles wird gut. Es ist auch alles immer besser geworden.«

Haben sie die Kinder bei ihrem berufliche Aufstieg gebremst oder beflügelt? Die Antwort fällt ihr leicht: »Generell beflügelt. Kinder zwingen uns zu einer gewissen Disziplin. Ich selbst bin nicht so wahnsinnig ehrgeizig, aber die Verantwortung für die Kinder zwang mich einfach dazu, Erfolg zu haben und viel Geld zu verdienen. Dazu kommt noch eins: Ich habe beruflich immer die Lösung gehabt, die am besten zu den Kindern gepasst hat. Die Berliner Zeit mit dem Café war ideal, so konnte ich immer nah bei meinen Kindern sein, in Spanien sowieso. In der Personalberatung hatte ich ebenfalls viel Freiheit, mit den Kindern, falls nötig, zum Arzt zu gehen oder zur Schulaufführung. Jetzt fühle ich mich im Großunternehmen sauwohl, liebe die Connections, Netze, Koalitionen.«

Inzwischen ist sie mit ihren Kindern in ein Haus am Chiemsee gezogen und hat erreicht, dass sie zwei Tage in der Woche von zu Hause aus arbeiten kann. »Ich liebe meine Projekte, ich habe mir früher gar nicht vorstellen können, wie viel Spaß Arbeit machen kann. Obwohl ich auf der untersten Managerstufe arbeite, bin ich absolut selbständig, manage meinen Job selbst. Ich habe gerade innerhalb des Unternehmens den Bereich gewechselt und weiß gar nicht, ob ich weiter hoch will. Ich mache jetzt eine inhaltlich sehr interessante Arbeit, verdiene sehr gut. Lust an der Macht habe ich eher weniger.«

Also sind gar keine Wünsche mehr offen? Renate Exner zögert, überlegt: »Hm, mein persönliches Glück habe ich

Lieber mache ich etwas zusammen mit anderen. Oben wird es verdammt einsam.

schon etwas zurückgestellt in den letzten Jahren. Um ehrlich zu sein, ich denke, dass ich meine Weiblichkeit streckenweise sehr verdrängt habe. Die innere Frau und das innere Kind in mir, die brauchen schon wieder mehr Raum. Der innere Mann in mir funktioniert dagegen sehr gut. Aber an mir hing ja auch alles, ich war ja verantwortlich. Verspielte Sachen hatten da gar keinen Platz mehr.«

Deshalb versucht sie, ihre »innere Frau« langsam und sanft wieder zu entwickeln. Ihre Töchter sind jetzt 20, 17 und 15 Jahre alt, so dass Renate Exner sich nicht mehr für alles in der Familie verantwortlich fühlen muss. »Ich kann es mir öfter mal gut gehen lassen. Ich weiß aber auch, dass ich gar kein perfektes Leben zu führen brauche. Ich glaube an die Wiedergeburt, sehr gelassen und heiter.«

Wie feiert sie Erfolge? »Ganz still für mich, es gibt nicht so viele Leute, die mit Dir feiern. Denn viele können Dein Glück kaum ertragen, lieber würden sie Dich bemitleiden.«

Und was rät sie jungen Frauen, die am Berufsanfang stehen:

1. »Versucht genau herauszubekommen, was ihr wollt.«
2. »Macht unbedingt die Sache, die euch Freude macht, nicht nur etwas, weil es vermeintlich ›sicher‹ ist.«
3. »Seid flexibel für die Chancen, die sich euch bieten.«
4. »Habt keine Angst vor Herausforderungen.«
5. »Überstürzt nichts, nehmt euch Zeit, für das, was ihr entscheidet und tut.«

Ein Fest für mich allein

Wenn Sie sich mehr Erfolg wünschen und mehr Sinnlichkeit, dann bereiten Sie doch mal ein Fest für sich ganz allein vor. Suchen Sie sich einen guten Termin aus, an dem Sie Ruhe haben werden, schicken Sie (falls vorhanden) Mitbewohner ins Kino, zur Oma oder in die Kneipe. Diese Stunden gehören nur Ihnen.

Zum Auftakt dieses Festes empfehle ich: Schluss mit den Selbstvorwürfen. Sie kennen sicher solche Gedanken, die uns nicht beflügeln, sondern runterziehen: Hätte ich doch damals kurz vor der Prüfung nicht alles hingeschmissen. Wäre ich doch lieber ... geworden. Wenn ich nicht so faul wäre, dann

Schluss mit unnötigen Selbstvorwürfen.

könnte ich ... Hätte ich doch noch die Fortbildung zur ... gemacht. Wenn nicht die Kinder dazwischengekommen wären, dann hätte ich bestimmt ... Eigentlich sollte ich ...

Diese Sätze sind alle ausgemachter Quatsch. Sie ändern überhaupt nichts an dem Leben, das wir gelebt haben. Wenn ich solche Selbstvorwürfe höre, denke ich immer an einen

Spruch meiner Mutter, der aus Schlesien stammt: »Wenn meine Oma Rädel hätt, wär sie 'n Omnibus.« Sie können natürlich beschließen, für immer im »Wenn-und-Aber-Land« zu wohnen. Oder ein »Eigentlich-Leben« zu führen. Schließlich sind Sie ein freier Mensch. Sie können sich in den verpassten Gelegenheiten suhlen und damit alle Entscheidungen, etwas zu ändern, verdrängen. Aber dann bleiben Sie auch für immer auf der Warteliste des Glücks.

Mein Tipp: Zermartern Sie sich nicht Ihr Hirn, verscheuchen Sie die Selbstvorwürfe, die Suche nach Schuld. Versöhnen Sie sich mit Ihrem Leben. Und denken Sie daran: Sie sind genau an der Stelle, an der Sie sein können!

Tatsächlich befinden Sie sich exakt dort, wo Sie aufgrund Ihrer Möglichkeiten, Ihres persönlichen Entwicklungsstandes, Ihres Bewusstseins, Ihrer Entscheidungen und Ihrer Anstrengungen stehen können. Kein anderer Platz in der Welt wäre möglich für Sie. Weil Sie noch nicht so weit sind! Und der Umkehrschluss: Wenn es anders wäre, wären Sie dort! Das klingt vielleicht etwas gnadenlos. Aber es ist die Wahrheit. Auch wenn es wehtut, Sie sind eine erwachsene Frau und zu alt dafür, die Schuld an Ihrem Leben irgendjemandem in die Schuhe zu schieben.

Sie kennen vielleicht Oprah Winfrey, *die* amerikanische Fernsehmoderatorin. Sie hat einen psychologischen Berater, Phillip McGraw. Und der sagte kürzlich in einem Interview mit der Zeitschrift *Redbook:* »Benutze fünf Prozent deiner Zeit dafür, darüber nachzudenken, ob du eine gute Kindheit hattest oder eine schlechte. Und benutze die anderen 95 Prozent dafür, zu entscheiden, was du jetzt aus deinem Leben machst. Vor allem, hör auf, ständig andere Leute für deine Probleme verantwortlich zu machen.« Deswegen: Schluss mit quälenden Gedanken, mit dem Grübeln über verpasste Möglichkeiten. Das Nachsinnen raubt Ihnen zu viel Energie, ohne Ihnen etwas Positives zu bescheren.

Das bedeutet alles andere als Resignation. Sondern es heißt, einen Schlussstrich zu ziehen – nicht im Zorn, sondern mit Gelassenheit. Denn: Ab sofort können Sie sich ein neues Lebenskonzept vornehmen, Pläne schmieden, erspüren, was Sie sich vom Leben wünschen. Also ziehen Sie ruhig Lehren aus Ihrem bisherigen Leben, um dann Ihre Energie ins Heute zu stecken, in die ungezählten Möglichkeiten, die sich Ihnen bieten!

Vorsicht dabei vor der Selbstmitleidsfalle. Es ist nun einmal so: Die Haben-Seite sieht oft sehr viel mickriger aus als die Soll-Seite. Träumten wir nicht alle in unserem Jungmädchenzimmer davon, bildschön, reich und berühmt zu sein? Ich selbst sah mich in meinen Tagträumen, während ich eigentlich Mathehausaufgaben machen sollte, als berühmte Eiskunstläuferin, die natürlich unsterblich von ihrem Eislaufpartner geliebt wird. Stundenlang konnte ich mir ausmalen, wie ich umschwärmt und gefeiert würde. Und das, obwohl ich niemals in meiner Kindheit auf Schlittschuhen gestanden hatte. So viel zur Qualität unserer Mädchenträume. Sollte ich mir wirklich Vorwürfe machen, dass sich dieser Traum nicht erfüllt hat?

Und der Wunsch nach Reichtum: Okay, vielleicht ist die erste Million noch nicht ganz erreicht und die Küche per Ratenkredit bezahlt. Vielleicht ist es im Urlaub immer noch

Mallorca statt Malibu, das Kostüm von C&A statt von Calvin Klein. Na und? Sollten Sie sich deswegen wirklich böse sein?

Welche Verschwendung von Energie! Schließen Sie mit dieser Vergangenheit ab, versöhnen Sie sich auch mit Fehlern und Misserfolgen. Ich weiß, Frauen sind gnadenlos mit ihren Fehlern. »Das hätte nicht passieren dürfen. Wenn ich nur noch mehr ... Diesem Mann hätte ich niemals glauben dürfen ...« Durch Selbstkasteiung werden Sie diese Fehler nicht rückgängig machen. Aber eine solche Haltung wird Sie für immer in einem Gefühl der Schuld gefangen halten. Diese inneren Fesseln, die Sie sich selbst zur Bestrafung umgelegt haben, werden Sie für immer daran hindern, Ihre Flügel auszubreiten und zum Höhenflug anzusetzen.

Versöhnen Sie sich mit Ihren Fehlern und Misserfolgen.

Jetzt ist die Zeit gekommen, Verzeihung zu gewähren, Absolution zu erteilen. Sagen Sie auf Ihrem Fest mit sich selbst diesen Satz ganz laut: »Ich verzeihe mir meine Fehler und meine Schwächen.« Oder wenn Sie ganz konkrete Vorwürfe gegen sich haben: »Ich verzeihe mir, dass ich ...«

Ich kann Ihnen aus meiner eigenen Erfahrung bestätigen, dass es ein überwältigendes Gefühl ist, Schuld loszulassen, loszuwerden. Es ist, als wenn sich die Eisenbänder um unser Herz lösten. In der Brust steigt Freude auf, ein Gefühl der Leichtigkeit erfüllt uns. Sich selbst verzeihen zu können ist eines der köstlichsten Gefühle überhaupt. Es ist der Beginn einer neuen innigen Liebe zu mir selbst. Eine Liebe, die gepaart ist mit Achtsamkeit. Denn nur mit dem, was ich liebe, gehe ich auch achtsam um; werde es hüten und beschützen, pflegen und nähren; werde schauen, dass es ihm gut geht, dass es glücklich ist.

Ich gehe achtsam mit mir um.

Das ist einer der Grundsätze für das neue Leben, das Sie ab jetzt führen werden. Feiern Sie das Fest der Sinnlichkeit auch, um sich mit sich selbst zu versöhnen. Nehmen Sie sich in den Arm und wiegen Sie sich. Sie sind ein wundervoller Mensch, der es wert ist, dass man ihn sehr sorgfältig behandelt. Vielleicht haben Sie das nicht immer getan, aber auch das ist Vergangenheit. Beschließen Sie ab sofort, sich noch besser und liebevoller um sich selbst zu kümmern, um Ihren Verstand, Ihre Gefühle und Ihren Körper.

Das heißt nicht, Vergangenes zu verdrängen. Überlegen Sie, welche Lehren Sie aus unguten Begebenheiten, aus Krisen gezogen haben. Wenn wir gerade in einem tiefen Loch stecken, ist um uns herum einfach alles schwarz. Und niemand kann uns einreden, dass das Sinn macht, was wir erleben.

Als ich mich mal in einer solchen Lebenskrise befand, empfand ich diesen Hinweis durch eine gute Freundin nur als zynisch. Heute weiß ich, dass sie Recht hatte. Aber das erkennt man erst in der verarbeitenden Erinnerung.

Wenn wir wieder aus unserem schwarzen Loch herausgekrabbelt sind, haben wir (hoffentlich) Lehren aus der misslichen Situation gezogen, manche Dinge werden uns nicht wieder passieren. Und wir können stolz darauf sein, uns wieder gefunden zu haben.

Feiern Sie ein sinnliches Fest.
Feiern Sie das Fest auch wegen der schönen Dinge, die Ihnen in Ihrem Leben passiert sind, erinnern Sie sich an Glücksmomente in Ihrem Leben, an Erfolge, an diese unvergleichliche Stimmung, die uns jubeln und zittern lässt, wenn das Herz Freudensprünge macht und ein freches Grinsen von Ohr zu Ohr zieht.

Schauen Sie auf Ihr Potential: Sie sind reich! Sie besitzen einen riesigen Schatz an Wissen und Erfahrung, es kommt nun darauf an, diesen Schatz zu orten, zu heben und ihn zu polieren, damit Sie in seinem Glanz erstrahlen können. Veranstalten Sie dieses Fest der Sinnlichkeit, um all das zu feiern, was Sie bis heute gelernt, gelebt und erfahren haben. Es ist die Fülle, die uns auszeichnet. Und auf der wir aufbauen können.

Beschließen Sie während dieser Party mit sich selbst, all Ihre Sinne zu pflegen und zu hegen, Ihren Körper zu einem heimeligen Ort zu machen, in dem sich der Geist und die Seele wirklich wohl fühlen. In meinen Einzelcoachings erfahre ich von (äußerlich) erfolgreichen Frauen immer wieder, dass sie eigentlich nur im Kopf leben. »Ab hier«, sagte mir eine Kundin einmal, und machte dabei eine entsprechende Handbewegung vom Hals abwärts, »spüre ich mich überhaupt nicht mehr.«

Dieses Fest ist also auch eine Chance, sich mit Ihrem Körper zu versöhnen. Eine Frau ist eine Frau ist eine Frau. Ich bin ich. Das ist mein Körper. Sie kennen vielleicht die kleinen Feindseligkeiten, die wir gegen unseren Körper empfinden: Die dicken Oberschenkel, der runde Bauch, die mageren Oberarme, der Hintern, der nicht knackig genug ist, der faltige Hals, die zu kleinen, zu großen oder zu ungleichmäßigen Brüste, diese Nase! Kein anderer kann uns so gnadenlos ansehen wie wir uns selbst. Vielleicht liegt es daran, dass wir als heranwachsendes Mädchen zu oft gehört haben: Du bist nicht okay.

Dieses Nicht-okay-Sein sitzt tief. Aber wie können wir frei und unbeschwert die Welt erobern, wenn im Kopf die Unterstützung fehlt? Wie können wir unsere Sinnlichkeit nutzen, wenn strenge Wächter der eigenen Unvollkommenheit sie derart bewachen?

Nutzen Sie Ihren sinnlichen Verstand, um diese Ketten zu sprengen. Wer bestimmt, wie ein Mensch auszusehen hat? Wer setzt die Normen? Anita Roddick, eine der Frauen, deren Porträt Sie in diesem Buch finden (S. 206 ff.), und Inhaberin der *Body-Shop*-Läden weltweit, hat vor einiger Zeit eine Kampagne gestartet. Auf einem Plakat ist eine hübsche, dicke Anti-Barbie-Puppe zu sehen, Ruby. Unter ihrem Bild steht: »Es gibt 3 Milliarden Frauen, die nicht wie Supermodels aussehen, und nur acht, die es tun.« Sie haben die Wahl: Sie können beschließen, Ihr Leben lang unter dem Gedanken zu leiden, dass Sie nicht der Supermodelnorm genügen. Sie können aber auch beschließen, Ihrer Sinnlichkeit eine Chance zu geben. Indem Sie Ihren Körper annehmen, so wie er ist.

Ganz im Vertrauen: Ich selbst bin mit Sicherheit 20 Zentimeter zu klein, 40 Kilo zu schwer und natürlich Jahrzehnte zu alt für ein Supermodel, aber ich kann Ihnen verraten: Ich würde mit keiner dieser Frauen tauschen wollen. Mein Leben ist verdammt sexy, egal, wie »rubenesk« mein Modell ausgefallen ist.

Ausstrahlung und Lebensgenuss haben damit zu tun, wie wohl Sie sich in Ihrem Körper fühlen.

Allerdings musste auch ich erst Ende 30 werden, um das zu kapieren. Ausstrahlung und Lebensgenuss haben nichts mit der Figur zu tun, sondern einzig und allein damit, wie wohl ich mich in meinem Körper fühle!

Richten Sie deshalb auf der Party mit sich selbst ein luxuriöses Festprogramm für Ihre sieben Sinne aus:

- Bieten Sie Ihren Augen Futter. Sorgen Sie für schönes Licht, stellen Sie Kerzen auf und räumen Sie alles weg, was Ihr Auge stört. Schmücken Sie das Zimmer mit Blumen oder Tüchern in Ihrer Lieblingsfarbe. Achten Sie darauf, wie sich dieses Ambiente auf Ihre Stimmung auswirkt.

- Lassen Sie Ihre Ohren schwelgen – entweder in völliger Ruhe oder mit wunderbaren Klängen. Achten Sie dabei auf Ihr Schallbedürfnis, wählen Sie das, was Sie in diesem Augenblick bevorzugen. Stellen Sie die Musik genau in der Lautstärke ein, die Ihnen gut tut. Klang bringt etwas zum Klingen in Ihnen, achten Sie auf das innere Echo.

- Verwöhnen Sie Ihre Nase mit wunderbaren Düften, ob mit Blumenbouquets, Räucherstäbchen, feinen Duftölen oder Ihrem Lieblingsparfüm. Lassen Sie die Synapsen im Riechzentrum Ihres Gehirns vibrieren, achten Sie darauf, welche Erinnerungen der Duft in Ihnen auslöst, welche Gefühle.

- Verwöhnen Sie sich mit Ihrem Lieblingsessen, genießen Sie es, ohne auch nur einen Gedanken an Kalorien oder

Cholesterin zu verschwenden. Erobern Sie sich den Genuss zurück, der uns viel zu oft durch Gebote und Verbote genommen wird. Essen ist eine herrliche, lebenswichtige Sache.

- Streicheln Sie Ihren Körper, legen Sie Ihre warmen Hände auf Beine, Bauch, Po und Brüste. Spüren Sie, wie die Wärme in Ihren Körper zieht. Reiben Sie Ihre Wange an Ihren Armen, fühlen Sie die weiche Haut. Und tauchen Sie in dieses Wohlgefühl ab.
- Sitzen oder stehen Sie ganz still. Schließen Sie die Augen. Spüren Sie in sich hinein, spüren Sie die lodernde Flamme der Lebenskraft. Spüren Sie Ihre innere Wachheit. Spüren Sie Ihren Sehnsüchten nach, wohin zielen sie, nach mehr Ruhe oder ein bisschen mehr Abenteuer? Nach In-sich-Gehen oder Aus-sich-heraus-Gehen?
- Bewegen Sie sich nach dem Klang der Musik, tanzen Sie durchs Zimmer oder wiegen Sie sich wie ein Grashalm im Wind hin und her. Folgen Sie ganz intuitiv der Melodie, geben Sie Ihren Körper dieser Bewegung hin, ohne Kontrolle, ohne Choreographie. Sie sind Musik, Sie sind Bewegung.

Feiern Sie dieses Fest mit sich selbst als ein großes Versöhnungsfest. Schluss mit all den überkritischen Gedanken: ich hätte, ich sollte, ich müsste. Schließen Sie jetzt einen Vertrag mit sich selbst. Dieser Vertrag ist die Grundlage aller Entscheidungen und Taten der Zukunft. Es gibt kein »Das geht nicht ...« mehr, kein »Eigentlich würde ich ja gern ...«. Sie sind die Meisterin Ihrer Lösungen! Kennen Sie den Spruch:

»Ich bin nicht auf der Welt, um so zu sein, wie andere mich haben wollen«? Er kann Ihr neues Motto sein. Ab sofort geht es vor allem um Ihr Glück. Genießen Sie diesen Egotrip.

Ich bin nicht auf der Welt, um so zu sein, wie andere mich haben wollen.

Versöhnung können wir aber auch in eine dritte Richtung wenden. Wir können uns mit Menschen versöhnen, denen wir lange gram waren. Eltern vielleicht, die viele Fehler bei der Erziehung gemacht haben. Lehrer oder Lehrerinnen, die uns verletzt haben. Versöhnen können wir uns aber auch mit »den Männern«.

Es ist viel klüger, hier zu differenzieren. Wir sollten uns einerseits die Verbündeten als gute Freunde erhalten, die auf unserer Seite stehen und uns stützen. Andererseits sollten wir denen, die uns schaden wollen, nicht erlauben, uns unsere Energie zu rauben.

Das Fest der Sinnlichkeit ist ein großes Fest für Ihr »Ich« und Ihr Leben. Denken Sie immer daran, Sie haben nur das eine. Ich jedenfalls glaube nicht an ein Zweitleben, bei dem wir dann alles anders machen können. Jeder Tag, an dem Sie nicht wenigstens einmal richtig glücklich waren, ist ein verlorener Tag.

Jeder Tag, an dem Sie nicht wenigstens einmal richtig glücklich waren, ist ein verlorener Tag.

Sollte Ihnen in Zukunft solch ein Tag begegnen, und das wird mit Sicherheit der Fall sein, denn niemand ist vollkommen, dann soll er Sie daran erinnern, was Sie sich vorgenommen haben. Ein solcher Tag wird Sie nicht zurückwerfen in alte Selbstvorwürfe, sondern wird sich wie ein kleiner Vogel auf Ihre Schulter setzen und nach Leichtigkeit verlangen. Er wird Sie an Ihre Flügel erinnern und daran, sie einzusetzen.

Berauschen Sie sich bei diesem Fest an der Unbegrenztheit Ihrer Wünsche, an der Fülle des Lebens, an dem Abenteuer, hier und jetzt zu sein. Berauschen Sie sich an der Gnade, Ihr Leben selbst in die Hand nehmen zu können. Es ist so eine unendlich große Chance, die wir haben. Weil wir selbst etwas für unseren Glückszustand tun können. Wir allein entscheiden, ob wir mit dem Leben, das wir führen, zufrieden sind oder ob wir etwas anderes, ob wir mehr wollen.

Nur Sie wissen, was Sie glücklich macht.

Bleiben Sie in diesem Rausch mit beiden Beinen auf der Erde, den Kopf in den Wolken, die Füße fest am Boden.

- Wir wissen, dass wir in einer Welt leben, die nicht immer alles nach unseren Wünschen ausrichtet und uns anbietet.
- Wir wissen, dass sich Hindernisse auf unserem Weg auftun können, dass andere Menschen andere Ziele haben, die sich mit unseren kreuzen oder ihnen widersprechen können.
- Wir wissen, dass wir Fehler machen werden, können und dürfen.

● Wir wissen, dass nur solche Träume sich verwirklichen, die eine Chance der Realisierung bekommen.

Aber wir spüren auch, dass wir noch lange nicht unser Limit an Erwartung und Glück erreicht haben. Wir spüren, dass da noch eine große Toleranzzone ist, die wir entweder noch nicht ausprobiert oder noch nicht ausgeweitet haben.

Beschließen Sie dieses Fest mit sich selbst mit einem feierlichen Versprechen: Ich bin die wichtigste Person auf dieser Welt für mich. Denn ich weiß, wenn es mir gut geht, wird es auch den Menschen, die ich liebe, gut gehen. Wenn es diese Menschen nicht ertragen sollten, dass es mir gut geht, dann sind es vielleicht die falschen Menschen für mich. Und: Wenn es mir gut geht, werde ich gut sein. Ich werde meine Talente ausschöpfen und meine Fähigkeiten einsetzen können. Ich werde meine Phantasie und meine Kreativität zum Wohle aller entfalten können. Ich werde mehr Erfolg in meinem Leben haben. Denn ich habe es verdient!

Als kleine Rückenstütze für Ihr gestärktes Selbstbewusstsein kann Ihnen das folgende Gedicht dienen. Es ist von Nelson Mandela, dem ehemaligen südafrikanischen Staatspräsidenten. Er hat es anlässlich seiner Antrittsrede 1994 vorgetragen:

Unsere tiefste Angst

Unsere tiefste Angst ist es nicht, ungenügend zu sein.
Unsere tiefste Angst ist es, dass wir über die Maßen kraft-
voll sind.
Es ist unser Licht, nicht unsere Dunkelheit, das am meisten
Angst macht.
Wir fragen uns selbst, wer bin ich – von mir zu glauben,
dass ich brillant, großartig, begabt und einzigartig bin?
Aber in Wirklichkeit – warum solltest du es nicht sein?
Du bist ein Kind Gottes.
Dein Kleinmachen dient nicht der Welt.
Es zeugt nicht von Erleuchtung, sich zurückzunehmen,
nur damit sich andere Menschen um dich herum nicht ver-
unsichert fühlen.
Wir wurden geboren, um die Herrlichkeit Gottes,
die in uns liegt, auf die Welt zu bringen.
Sie ist nicht nur in einigen von uns, sie ist in jedem!
Und indem wir unser eigenes Licht scheinen lassen,
geben wir anderen Menschen unbewusst die Erlaubnis
das Gleiche zu tun.
Wenn wir von unserer eigenen Angst befreit sind,
befreit unser Dasein automatisch die anderen.

Refreshing-Übung:
Leichtigkeit gewinnen

Haben Sie Lust, Ballast abzuwerfen? Leichtigkeit zu gewinnen? Dann kann Ihnen diese Zwei-Minuten-Meditation dabei helfen.

Setz dich gerade hin, atme ein paar Mal tief durch. Vielleicht musst du gähnen, das ist ein Zeichen von Entspannung. Schließe die Augen und richte deinen inneren Blick auf deine Seele. Stell dir vor, welche Spuren die Anstrengung der letzten Jahre dort hinterlassen haben. Wie sehen diese Spuren aus? Vielleicht wie Hobelspäne in einer Schreinerei? Wie Haufen von vertrocknetem Laub in einem Garten? Wie ein voller Papierkorb? Wie Abraum neben einer Diamantenmine?

Stell dir vor, du öffnest symbolisch die Türen deiner Seele und fegst alles hinaus – hinaus mit den Spänen, hinaus mit den alten Blättern, hinaus mit dem Staub.

Du leerst deinen Seelen-Papierkorb gründlich aus.

Putz diesen Raum vielleicht so, wie man einen Ofen säubert: Kalte Asche wird sorgfältig hinausgefegt, damit eine neue, fröhliche Glut mit züngelnden

Flämmchen der Lebensfreude entstehen kann. Fröhlichkeit nimmt den Platz ein, wo zuvor Niedergeschlagenheit war.

Schließe dann wieder symbolisch die Türen deiner Seele. Und freue dich über das Gefühl der Leichtigkeit, das du nun spürst.

Strecke und recke dich, öffne die Augen. Du bist bereit zum nächsten Schritt.

»Selbständige haben mehr Spaß!«

Ein Porträt von Sissy Closs

❑ *Sissy Closs, 45, ist Inhaberin von* Comet Computer *in München und Professorin an der Fachhochschule Karlsruhe.*

Selbständigkeit und Frauen – das passt zusammen!« Sissy Closs strahlt. »Ich finde, als Selbständige hat man einfach mehr Spaß und mehr Freiheit. Ich glaube auch, dass viele Frauen einfach sehr gerne selbständig sind. Das war ja eigentlich schon immer so, dass Frauen in kleinen Geschäften, auf Bauernhöfen und auch in Handwerksbetrieben letztlich alles gemanagt haben, und der Mann hat Tacheles gemacht.«

Wer Sissy Closs erlebt, wie sie vor Temperament und Lebensfreude nur so sprüht, der glaubt ihr den Spaß sofort. Nach dem Diplom als Informatikerin an der Technischen

Universität München blieb sie erst mal an der Uni als wissenschaftliche Assistentin, eine Stellung, in der man eigentlich promoviert. Doch dazu hatte sie keine Lust. »Ich war noch sehr jung, ich habe mit 24 schon mein Diplom gemacht und hab dann eher lustig und fröhlich gelebt, habe auch Theater gespielt und viel getanzt: Ich habe immer sehr gerne getanzt. Und habe nicht so den Sinn in dieser Wissenschaft erkannt.«

Ihr Ziel war Tanztherapie. In Deutschland gab es diese Ausbildung aber in der Form nicht, also hat sie sich gesagt: Gut, dann mache ich eben eine Gymnastikausbildung als Basis. Nach drei Jahren verließ sie die Technische Universität und besuchte eine Gymnastikschule. Das war Anfang der 80er Jahre. Da Gymnastikschulen privat sind und die Ausbildung Geld kostet, suchte Sissy Closs Arbeit. »Und da hatte ich Glück. Ich hatte damals schon UNIX-Kenntnisse, in der TU habe ich nebenher für eine Zeitschrift gearbeitet, *UNIX/MAIL* hieß die, und das war in Deutschland noch etwas Besonderes. Bei Siemens wurden die ersten deutschen UNIX-Handbücher geschrieben. Und da gab es niemand, der Know-how hatte. Deswegen haben die mich genommen, auf Teilzeit. Ich hatte einen tollen Chef, der gesagt hat, ich kann mir die Zeit einteilen und mit meinem Unterricht abstimmen.«

Mit ihren Kenntnissen, ihrer Begeisterung für das Thema und ihrem Schreibtalent wurde sie schnell zum Star bei Siemens.

»Ich war total begeistert und zum ersten Mal hat mir mein Beruf wirklich Freude gemacht, ich habe mich auch sehr engagiert. Das war dann ein sehr erfolgreiches Projekt bei Siemens. Wir haben sogar eine Auszeichnung bekommen.«

Doch ihre Begeisterung für das Tanzen wirkte ungebrochen weiter. Sissy Closs arbeitete nebenher in einem Studio und gab Tanzunterricht, dann kam die Aerobicwelle. »Ich habe abends immer getobt wie eine Wahnsinnige, das war total gut, hat mir auch Spaß gemacht, aber ich habe auch gesehen, dass man in dieser Branche sehr schwer Geld verdienen kann. Es gibt viele Intrigen, der eine spielt den anderen aus.

Ich war zum Beispiel in einem Frauenstudio. Die Chefin war eine Frau und die meisten Angestellten auch. Und dann kam ein wunderschöner Mann aus Brasilien, der auch Aerobic lehrte, der hat das auch super gemacht, aber er hat von Haus aus das Doppelte von dem für die Stunden bekommen, was ich bekam. Die Chefin hat gesagt, dass sie nichts dafür könne, das sei eben die Nachfrage. Nach dem schrien halt alle Frauen. Ich war so sauer!«

Und sie erkannte: Es macht Sinn, den beruflichen Fokus auf das Gebiet zu richten, auf dem man viel Geld verdienen kann, um sich dann das, was einem Spaß macht, in der Freizeit leisten zu können. Deshalb entschied sie sich, doch im EDV-Bereich zu bleiben, und ging in die Entwicklung von Software-Produkten bei Siemens. Nach nur zwei Jahren war Sissy Closs Projektleiterin, baute eine Gruppe mit acht Leuten auf und war verantwortlich für die Dokumentation von Programmiersprachen. »Das lief auch prima, aber Siemens ist ein Großbetrieb. Und der Großbetrieb hat auch seine Ecken, zum Beispiel den Neid. Ich hatte mich für diese Stelle nicht entschieden, weil ich die anderen ausbooten wollte, sondern mir hat das wirklich Spaß gemacht und ich habe auch gesehen, wie man gut etwas erreichen kann, aber nie auf Kosten von anderen. Das ist überhaupt nicht mein Arbeitsstil. Ich arbeite – wenn mir die Arbeit Spaß macht – sehr gerne und sehr intensiv, aber überhaupt nicht, um irgendjemanden auszubooten. Aber das konnten die anderen nicht verstehen.«

Die gebürtige Saarländerin litt zunehmend unter dem Neid und wusste: »Entweder du kannst damit leben oder es macht dich irgendwann kaputt.« In dieser Situation kam ein Kollege aus der Entwicklungsabteilung auf sie zu und fragte, ob sie nicht Lust hätte, sich mit ihm zusammen selbständig zu machen, eine Firma zu gründen. Da war sie gerade 29 Jahre alt. »Mitte der 80er Jahre während des Riesenbooms in der EDV war sich selbständig zu machen eigentlich überhaupt kein Risiko. Mein damaliger Freund und jetziger Mann hat mich unheimlich unterstützt, hat gesagt, das ist das Richtige für dich, das wird dir Spaß machen und da bist du freier als in so einem Großunternehmen. Mach das nur. Das macht schon sehr viel aus, wenn man so eine positive Unterstützung bekommt.«

Also hat sie mit dem Kollegen eine Firma gegründet. Er selbst hatte immer schon freiberuflich gearbeitet, aber sie hatte überhaupt keine Erfahrungen damit. »Wir sind also ziemlich blind zum Notar, haben irgend so einen Standardvertrag unterschrieben und haben die GmbH gegründet. Haben 50 000 Mark Startkapital eingezahlt, Hälfte, Hälfte. Und ich hatte einen kleinen UNIX-Rechner von Siemens. Damals konnten wir die kaufen. Der hat 2000 Mark gekostet –

mit dem habe ich das ganze erste Jahr überstanden.« Das Unternehmen nannte sie *Comet Computer*. »Den Namen habe ich mir ausgedacht. Ich wollte immer einen, der möglichst oben im Alphabet steht, das war eigentlich das Kriterium. Und dann kam ich irgendwann abends im Bett auf *Comet*, dachte, das ist super, das kann sich jeder merken.«

Sie kündigte 1987 bei *Siemens* und bekam, quasi als »Ausstand«, von ihrem Chef gleich zwei große Projekte mit auf den Weg. War der gar nicht sauer? »Nein. Wir haben das lange vorbereitet. Ich habe im März gesagt, dass ich gehe, und bin dann noch bis Oktober geblieben, um alles in Ruhe abzuwickeln, habe einen Nachfolger eingearbeitet und alles sehr geordnet übergeben und das – glaube ich – hat er mir auch angerechnet. Wir haben bis heute ein gutes Verhältnis. Es zahlt sich total aus, wenn man versucht, das positiv zu regeln.«

Sissy Closs hatte anfangs noch gar kein Büro, arbeitete erst mal daheim in der Rückertstraße 6, gleich neben der Theresienwiese in München. Bald wurde es dort aber zu eng und sie fand ein kleines Büro am Isartor, ein Ladenbüro, Altbau, 56 m², aber immerhin schon drei Räume. »Es war unheimlich günstig, hat nur 500 Mark gekostet, ein Knüller. Ein schöner Altbau, wunderschön. Das konnte keiner fassen, der einzige Haken daran war, dass die Vermittlerin 20 000 Mark Kaution wollte. Gewerberaum war damals in München ganz knapp, aber ich wollte das Büro unbedingt haben. Und dann habe ich sie auf 12 000 Mark heruntergehandelt. Es war zwar auch viel Geld damals für mich, aber wir waren zehn Jahre drin und haben monatlich nur 500 Mark Miete bezahlt.«

Die erste Mitarbeiterin wurde 1988 eingestellt, die zweite 1989, das Unternehmen wuchs langsam. Sissy Closs: »Obwohl ich gar nicht so aus der Frauenecke bin, habe ich immer schon sehr gute Erfahrungen mit Frauen bei der Arbeit gemacht. Ich habe auch mit zwei Frauen lange in der Rückertstraße in einer Wohngemeinschaft zusammengewohnt, gute Frauen. In der Frauenbewegung hat mir nicht gefallen, dass da so viel darüber lamentiert wurde, wie schlecht es uns geht. Und auch das Sphärische, so mit den Monden, das ist auch nicht so mein Ding. Wir drei Frauen sind eben viel in die Discos gegangen, haben uns tierisch aufgemotzt und abgetanzt ... und das hat mir gefallen, immer Gas geben.« Anders auftreten, auch vom Aussehen her, das hat ihr immer Spaß gemacht. Bunt und lustig und nicht so wie »normale« Leute zur Arbeit zu gehen. Damit hat sie natürlich Aufsehen erregt.

Und erregt es auch heute noch. Die Unternehmerin bevorzugt bunte Flower-Power-Hosen oder Miniröcke, die ihre langen Beine zur Geltung bringen. In die blonde Haarmähne flicht sie sich gern afrikanische Zöpfchen. Stört sie es nicht, daß sie als »schräger Vogel« verschrien ist? Sissy Closs sieht das ganz relaxt. Bis heute gibt es eine Gruppe von Leuten, die sich allein durch ihr Auftreten, ihr Aussehen brüskiert und provoziert fühlt. Andere finden das aber positiv. Und so habe sie immer eine recht starke Polarisierung erzeugt. »Lustig und mit Power, viel Musik, Tanzen, Bewegung, das ist mein Ding. Ich habe auch versucht, all das in die Arbeit immer mit einzubeziehen. Ich sage nicht: Ich gehe acht Stunden zur Arbeit, bin dort ein ganz anderer Mensch, und erst danach beginnt das Leben, gehe abends aus und bin ein total anderes

Wesen. Ich habe immer versucht, in der Arbeit mein Wesen zu leben wie außerhalb auch. Und das finde ich ganz wichtig, damit die Arbeit nicht was Schlimmes ist oder so eine Bestrafung. Wichtig ist doch, wie man mit Leuten umgeht, dass man seine Witze macht, dass man Gaudi hat. Wir haben oft so viel Spaß in der Arbeit, hier oder auch damals bei Siemens. Weil man das alles nicht so tierisch ernst nehmen muss. Das war eine ganz wichtige Basis. Damit habe ich Erfolg gehabt, von Anfang an.«

Mit ihrer Begeisterung hat sich Sissy Closs schon ganz früh viele Türen geöffnet, die ihr heute noch zugute kommen.

Begeisterung öffnet Türen! Als Expertin für das UNIX-Betriebssystem schrieb sie einige Handbücher, die einen umwerfenden Erfolg hatten. Quasi zur Belohnung durfte sie an weiteren Kursen teilnehmen, z.B. in London an einem Spezialkurs, der damals 20 000 Mark gekostet hat. Wenig später wurde sie in ein internationales Gremium zur Standardisierung von UNIX berufen. Wieder nach London.

»Da ging es um Riesenschwarten von Dokumenten, die musste man alle durcharbeiten, das war schon harte Arbeit. Aber das war auch eine ganz tolle Gruppe, unheimlich lustige Leute. Wir hatten viel Spaß und sind dann abends immer in London ausgegangen. Ich war begeistert. Und habe dabei Leute kennen gelernt, mit denen ich heute geschäftlich noch zusammen bin.

Solche Stationen haben mich später enorm weitergebracht. Die haben sich mir angeboten, waren gar nicht geplant. Und haben sich sehr positiv auf meinen Weg ausgewirkt. Später gab es noch mal in Amsterdam ein Treffen und da wurde ich auch wieder als Expertin angefordert. Und darüber habe ich zum Beispiel später Aufträge von *AT&T* aus London bekommen, das war super. So hat sich das entwickelt.«

Werbung macht sie für ihr Unternehmen bis heute nicht. Empfehlungen sind ihre beste Werbung. In Projekten lernt sie Leute kennen, die dann woandershin wechseln und von dort aus wieder *Comet*-Mitarbeiter anfordern. Da braucht es keinen großen Werbeetat.

»Das war auch immer so ein Ding, dass ich nie groß Schulden machen wollte, ich mache nicht gerne Schulden. Wenn ich weiß, dass es irgendwie abgesichert ist, dann schon, aber nicht einfach ins Blaue hinein. Es gibt ja so einen ganz anderen Unternehmertyp, der sagt, wir müssen erst mal klotzen, damit wir überhaupt wahrgenommen oder ernst genommen werden. Der startet dann auch gleich mit 300 m² Büro, mit Sekretärin, mit Ausstattung, um erst mal so zu präsentieren. Meistens handelt es sich dabei übrigens um Männer. So wie ich an die Sache rangegangen bin, sah das erst wie ein witziger, bunter Laden aus. Da wird man natürlich, wenn man zum Beispiel eine Bank als Kunde haben will, komisch angeschaut: Was ist denn das? Trotzdem war *IBM* Ende der 80er Jahre ein ganz großer Kunde von uns. Die Herren sind dann von Stuttgart mit Eskorte angereist, die haben normalerweise Wahnsinnsanforderungen, dass man ihre Sachen sicherheitsmäßig absperrt, in Tresore und so. Und wir hatten gerade mal einen Schrank, den man zumachen konnte, das war alles. Aber die waren unheimlich nett.«

Was Sissy Closs nicht ertragen kann, sind Aufschneider und Showmacher. Wenn einer so aufgedonnert daherkommt, muss sie automatisch denken: »Der nimmt mich aus«, irgendwo muss man das Geld ja verdienen, um so auftreten zu können.

Sissy Closs und ihre inzwischen fast 40 MitarbeiterInnen fahren durchaus mit dem Fahrrad zu Münchner Terminen, haben keine Aktenkoffer. Das schafft bei vielen Kunden Vertrauen. Und Selbstvertrauen: »Wenn ich mit dem Fahrrad vorfahre, bin ich mehr bei mir, als wenn ich aus einer schwarzen Limousine aussteige.« Absolute Sorgfalt wird dagegen auf die Qualität gelegt. »Das war schon bei *Siemens* mein Ding, ich wollte es immer besonders gut machen. Das macht mir Spaß und dann rentiert sich auch der Einsatz.«

Disziplin hat sie schon mit der Erziehung mitbekommen, einer sehr liberalen und sehr lockeren Erziehung, die aber feste Regeln mit einschloss. Was für Regeln? »Na, eben dass man ordentlich seinen Weg macht, das war so eine implizite Vorgabe. Wir sind vier Geschwister. Das sitzt tief in allen drin. Nicht lasch sein war auch so eine Regel. Sich nicht verlieren. Ich war von meinen Geschwistern noch diejenige, die am meisten ausprobiert hat, mit dem Tanz und so. Die anderen sind noch geradliniger.«

Ganz geradlinig führt Sissy Closs auch ihr Unternehmen. Inzwischen hat sie zwei Geschäftspartner, weil der Mitbegründer ihrer Firma fast ausschließlich in Schweden arbeitet und sie unbedingt Entlastung brauchte. »Ich merke schon deutlich die Entlastung, einfach einen Gesprächspartner zu haben, der gleichwertig mit drinhängt.«

Entlastung braucht Sissy Closs auch, um mehr Zeit für ihren Sohn Tim zu haben, der 1990 geboren wurde. »Damals hatten wir schon sechs Leute in unserem winzigen Büro. Und es war klar, wenn das Kind kommt, kann ich nicht auch noch mit Säugling aufkreuzen. Da haben wir damals ein zweites Büro hinzugemietet, damit ich dort mit dem Kind arbeiten kann. Das ist ganz gut gelaufen.« Für ihren Sohn und die Kinder einiger MitarbeiterInnen hat sie dann sogar einen Kindergarten gegründet. Und in den neuen Büroräumen einer alten Villa in der Rückertstraße, wo *Comet Computer* seit einem Jahr residiert, schallt regelmäßig Kinderlachen durch die Gänge.

»Nur wenn du dein Kind gut aufgehoben weißt, kannst du dich richtig auf deine Arbeit konzentrieren«, hat die Unternehmerin festgestellt. Damit sie noch öfter mit ihrem Kind zusammen sein kann, hat sie in ihrem Privathaus außerhalb von München auch ein Büro eingerichtet, in dem sie tageweise arbeitet. Mittags essen dann alle zusammen: Tim, der inzwischen zur Schule geht; ihr Mann, der freiberuflich von zu Hause aus arbeitet; die Kinderfrau, »eine Künstlerin, keine typische Kinderaufpasserin«, und einige Mitarbeiterinnen.

Nur wenn Sie Ihr Kind gut aufgehoben wissen, können Sie sich auf Ihre Arbeit konzentrieren.

Als der Sohn noch klein war, hat sie ihn öfter zu Besprechungen und Präsentationen mitgenommen, »die Augen der Kunden hätten Sie sehen sollen«. Jetzt ist vor allem der Papa für ihn da.

Für das Privatleben ihrer Mitarbeiter hat sie deshalb auch viel Verständnis. Die inzwischen fast 40 Angestellten, davon zwei Drittel Frauen, haben fast ebenso viele Arbeitszeitmodelle. Einige arbeiten von sehr früh morgens bis mittags, andere nur drei Tage die Woche, einige nur am Wochenende, andere nur monatsweise. Eben jeder so, wie er es für seine Lebensplanung braucht.

Dabei setzt Sissy Closs vorwiegend auf Frauen, warum? »Der Dokumentenbereich ist natürlich schon eher was, wo Frauen sich hingezogen fühlen. Weil es nicht reine Entwicklung ist. Und die Frauen sind absolut spitze. Sie vereinigen unheimlich viele Fähigkeiten in sich, vor allem Kommunikation und Einfühlungsvermögen. Man muss die Fähigkeit besitzen, die Mitarbeiter der Kunden für sich zu gewinnen, zum Beispiel wenn man eine Online-Hilfe für eine Software schreibt. Wenn man diese Leute nicht hinter sich hat, wenn die nicht mitarbeiten, ist man aufgeschmissen.«

Sissy Closs arbeitet nach wie vor an solchen Dokumentationen mit, indem sie manchmal bei mehreren Projekten Teile davon übernimmt. Oder indem sie sie hin und wieder kontrolliert, insbesondere auch, um im Geschäft drinzubleiben. Das ist extrem wichtig, weil sich alles so schnell ändert. Es gibt auf diesem Wissensgebiet rasante Verfallszeiten, ein halbes Jahr, ein Jahr, zwei Jahre und die Landschaft sieht ganz anders aus. Und wer selber nicht am Ball bleibt, kann die Arbeit nicht richtig einschätzen, macht falsche Angebote, verkalkuliert sich, mutet den Leuten zu viel zu oder teilt die Arbeit falsch ein.

Der Chefin macht diese Arbeit, das Schreiben, nach wie

vor großen Spaß. Das liegt ihr. Wenn sie »da so Sachen raus-wurstelt«, freut sie sich einfach. Doch meistens entwickelt sie Konzepte und präsentiert sie bei Kunden. Sie findet es klasse, »zu sehen, dass man in relativ kurzer Zeit für eine Riesenfir-ma ein Konzept erarbeiten kann, das die dann auch akzeptie-ren und annehmen. Das finde ich immer wieder sehr beeindruckend.«

Sie empfindet es als eine Herausforderung, eine Sache zu präsentieren und den Kunden zu überzeugen. Das ist immer wieder spannend. Und geht nicht ohne Nervenzittern ab.

Sissy Closs: »Häufig geht es mittlerweile recht cool zu, aber es gibt immer noch Situationen, wo ich selber über mich überrascht bin, wo ich vorher total nervös bin oder mitten-drin. Wo ich plötzlich merke, wie die Stimme vibriert, und denke, was ist nur heute wieder los? Das hängt sicher mit der Tagesform, bei mir aber auch stark von der Technik ab. Unse-re Präsentationen sind ja meist mit dem Laptop oder Beamer, sobald da technisch irgendetwas nicht funktioniert, bin ich sehr irritiert, das habe ich schon gemerkt.«

Bei aller Technik vertraut sie doch auch sehr ihren Sin-nen, vor allem in der Einschätzung, ob ihr Vortrag ankommt. »Das merke ich mittlerweile schon sehr früh. Ich habe ein recht gutes Gespür für die Reaktion von Leuten. Sowohl, was meine Mitarbeiter anbelangt, als auch die Kunden. Ich spüre genau: So, jetzt ist es geschafft. Noch bevor sie es aus-sprechen. Allein schon daran, wie sie gucken, ausatmen oder sich zurück-lehnen.«

Bei aller Technik ist es gut, auch auf die eigenen Sinne zu ver-trauen.

Wie feiert Sissy Closs ihre Erfolge? »Es ist riesig, aus einer solchen Verhandlung rauszugehen und den Auftrag zu haben. Du hast das Gefühl, mal wieder die Welt erobert zu haben. Dann feiern wir hier in der Firma, mit Prosecco, Rieseneis oder Kuchenschlachten. Es ist wichtig, Erfolge zu feiern, dies nicht über all die viele Arbeit zu vergessen.«

Sie feiert auch gerne große Feste mit Mitarbeitern und Kunden zusammen. Im vergangenen Jahr hat sie eine große Halle in München gemietet und das zehnjährige Bestehen von *Comet Computer* gefeiert. Eine Band hat gespielt und zum Höhepunkt ist die Chefin selbst auf die Bühne gestiegen und hat gesungen. Getanzt wurde dann bis zum Sonnenaufgang. »Von diesem Fest schwärmen die Kunden heute noch!«, erzählt sie mit leuchtenden Augen.

Sie selbst findet es einfach »zauberhaft«, was sie mit Hilfe des Erfolgs und des dadurch verdienten Geldes erleben kann. »Ich allein könnte mir nie die Muffathalle für ein Fest leisten, das geht eben nur über die Firma. Geld an sich war nie ein Ansporn für mich, Statussymbole interessieren mich nicht. Aber was ich für tolle Künstler dadurch kennen gelernt habe! Einmal habe ich ein Theater gesponsert und auf diese Weise die Regisseurin kennen gelernt. Sie ist heute wie eine Freundin für mich. Ich empfinde diese Begegnungen als eine solche Bereicherung für mein Leben, als ein solches Geschenk.«

Sie tanzt übrigens immer noch genauso gern wie früher, liebt Techno, »da löst sich viel auf, entkrampft«. Wenn sie die Tanzlust packt, geht's ab in den Münchner Kunstpark Ost, entweder mit Mann oder Freundinnen, und es wird bis zum frühen Morgen getanzt. »Auch wenn ich viel arbeite, so 60 bis 80 Stunden die Woche, habe ich doch mehr Freizeit als so manche Hausfrau aus dem Dorf, aus dem ich komme«, meint sie selbstbewusst.

Erfolg ist sexy für Sissy Closs, ohne Frage. Und wenn sie an den Geschmack des Erfolgs denkt, gibt es für sie nur eins: Schokolade. Am besten Milchschokolade, die reihenweise Glückshormone freisetzt.

Was rät sie Frauen, die ein Unternehmen führen (wollen)?

»Setzen Sie sich mit dem Wort Macht auseinander. Ich konnte auch am Anfang nicht damit umgehen, wollte allen ein Kumpel sein. Inzwischen weiß ich, ich muss zu meiner Chefinnenrolle stehen. Macht macht sogar Spaß, wenn ich aus meiner Position heraus sagen kann: So wird's gemacht! Weil ich weiß, dass ich dann Außergewöhnliches erreichen kann.«

Energie statt Power

Die neue Formel für mehr Lebensfreude

Ein ganz normaler Tag: Der Wecker klingelt, Sie springen fröhlich aus dem Bett. Dann: Mist, der Kaffee ist alle. Aus dem Kühlschrank gähnt Ihnen ein Leberwurstzipfel entgegen. Bäh. Heute Abend müssen Sie unbedingt einkaufen gehen. Die Bluse, die Sie eigentlich zu einem Termin anziehen wollten, ist nicht gebügelt. Also schnell Bügelbrett holen, zwischen Duschen und Zähneputzen, hopp, hopp. Als Sie, zehn Minuten zu spät, zur U-Bahn kommen, fährt Ihnen eine Bahn gerade vor der Nase weg ... So geht das den ganzen Tag weiter: Ihr Chef bekommt einen Wutanfall. Ein Kollege heult Ihnen die Ohren voll, weil seine Freundin ihn verlassen hat. Sie haben einen Briefentwurf verschlampt und müssen noch mal von vorne anfangen. In der Mittagspause kleckern Sie sich Salatsoße auf den Rock. Danach ruft Ihre Mutter an und macht Ihnen Vorwürfe, dass Sie

sie und Ihren Vater schon lange nicht mehr besucht haben. Nachmittags verhandeln Sie zäh mit einem Geschäftspartner – um Peanuts. Als Sie gerade gehen wollen, knallt Ihnen Ihr Chef noch »gaaaanz« wichtige Papiere mit dem Kommentar auf den Tisch: »Das brauche ich bis morgen früh.« Sie verschieben Ihre Verabredung zum Essen, Ihr Freund ist sauer. Sie vergessen das Einkaufen, machen sich fluchend an die Arbeit und wanken um kurz nach halb neun aus dem Büro. Zu Hause wartet Ihre Steuererklärung. Na Mahlzeit.

Wundern Sie sich auch manchmal, wo Ihre Energie bleibt? Bewundern Sie andere, die wie aus der Pistole geschossen Vorschläge, Lösungen, Konzepte präsentieren können? Sind Sie sicher, dass Sie noch viel mehr Erfolg im Beruf erreichen könnten, wenn Sie einfach mehr Energie hätten?

Wundern Sie sich manchmal, wo Ihre Energie bleibt?

Dann verabschieden Sie sich doch als Erstes von dem Wort »Power«. Oder, wie es der Diplom-Psychologe und Psychotherapeut Bernd Hohmann in einem Interview formuliert hat: »Wir müssen uns von dem mekanomorphen Energiemodell verabschieden. Nach diesem mechanischen Modell wird oben Energie eingefüllt und unten kommt Leistung heraus, wie in einem gut geschmierten Motor.« Das letzte Jahrzehnt stand ganz im Zeichen dieses Wortes: Powern, Auspowern, Powertraining, Powertalking, Powerfrauen ...

Schließen Sie doch einmal kurz die Augen und stellen Sie sich eine solche Powerfrau vor. Wie sieht sie aus? Wie bewegt sie sich? Wie spricht sie? Wie behandelt sie ihre MitarbeiterInnen? Kann es sein, dass Ihr inneres Bild eine Frau mit vielen harten Zügen zeigt? Im strengen Businesskostüm, mit strenger Frisur. Im Stakkatoschritt durchs Unternehmen eilend. Eine Frau, die weiß, was sie will. Eine Frau, die durchaus Erfolg hat.

Jetzt stellen Sie sich einmal die Frage: Möchte ich diese Frau sein? Oder: Bin ich diese Frau? Oder: War ich mal diese Frau?

Viele Jahre lang habe ich selbst als Journalistin dieses Bild der Powerfrau transportiert. Habe geglaubt, wir müßten nur »tough« oder »smart« genug sein, um unser berufliches Glück zu finden. Habe Frauen vermittelt: Sei hart, gib nicht nach, benutze deine Ellenbogen, sei der bessere Mann. Dann erreichst du auch den beruflichen Olymp. Powerfrau, dieses Attribut war eine Auszeichnung.

Doch plötzlich fühlte ich einen bitteren Geschmack auf der Zunge bei diesem Wort. Und auf einem Kongress für »Powerfrauen« im Jahr 1998 wurde mir endgültig klar: Das kann nicht der richtige Weg sein. Irgendetwas haben wir dabei vergessen. Und heute weiß ich, was es war: unsere Weiblichkeit.

In einem »Kerl von einer Frau« werden nur die männlichen Anteile anerkannt und gefördert. Die weiblichen Anteile hatten sich diese karriereambitionierten Frauen tunlichst abzugewöhnen, »schwache« Eigenschaften wie:

- **Weichheit.** Für ehrgeizige Frauen der Neunziger im Beruf ein absolutes Tabu. Angefangen bei ihren Formen, denn nur in einem durchtrainierten Körper kann schließlich eine Führungskraft stecken. Deshalb musste vor allem der Bauch wegtrainiert werden. »Straff« war

62

das Zauberwort. Weibliche Kurven erinnerten überflüssigerweise daran, dass es sich bei diesem »Homo businicus« um eine Frau handelte – mit all ihren karrierehindernden biologischen Eigenarten. Und der Kampf gegen Weichheit ging bei ihrem Format weiter: Schneidigkeit galt mehr als Charme, Gradlinigkeit mehr als Ganzheitlichkeit.

- **Verständnis.** Das konnten Frauen im letzten Jahrzehnt am besten gleich beim Pförtner abgeben. Schließlich hatte hartes Business nichts mit »Eiapopeia und heile, heile Segen« zu tun. »Survival of the fittest«, das alte darwinsche Prinzip, war stattdessen en vogue. Schließlich musste jeder sehen, wo er (sie) bleibt. Oder, wie es ein Unternehmensberater in den frühen Neunzigern formulierte: »Who is who and where are you?«

- **Mitgefühl.** Wirklich ein Relikt aus der Gattung der Gattinnen. Dort war es durchaus akzeptiert und geschätzt. Beispielsweise wenn er, der Ernährer, abends von des Tages Mühe gezeichnet nach Hause kam. Aber doch nicht im Business. Dort galt: »Für Loser kein Pardon!« Schließlich müssen die Zahlen stimmen.

- **Emotionalität.** O Gott, diese gefühlvollen Frauen, immer nah am Wasser gebaut. Heulen gleich los, wenn man mal ein bisschen gegen sie intrigiert. Oder werden richtig hysterisch, wenn sie merken, dass man sich ihr Projekt unter den Nagel gerissen hat. Ach, mit Frauen kann man einfach nicht sachlich diskutieren. Da hatten nur Frauen eine Chance, die auch bei dem derbsten Blondinenwitz richtig mitgrölen konnten.

● **Sinnlichkeit.** Das Schmähwort der coolen 90er Jahre. *Sinnlichkeit*, allein der Gedanke an dieses Wort brachte die Karrierefrau vom rechten Weg ab. Das klang nach erotischen Irrungen, nach »9 ½ Wochen« (und man weiß ja, wohin das führt). Nach heißen Schaumbädern mit sündiger Literatur und nach Schokoküssen. Igitt! Da knabberte die karriereambitionierte Frau doch lieber am Endiviensalat und nahm statt Boccaccios *Decamerone* lieber den *Machiavelli für Frauen* von Harriet Rubin mit ins Bett.

Bei solchen Szenarien der neunziger Jahre brauchen wir gar nicht vor Wut auf »die bösen Männer« in die Tischkante zu beißen: Wir haben uns das gefallen lassen! Wir haben diätet bis zum Delirium; uns fit trainiert bis zum finalen Muskelkater; uns mit Härte gewappnet wie ein australisches Gürteltier; wir haben uns sogar Mann und Kinder versagt (über 80 Prozent der Frauen in Führungspositionen waren Mitte der 90er Jahre ohne Familie).

Und wofür all das? Einmal, nur einmal – wie ein Mann – ein joviales Schulterklopfen unseres Vorgesetzten zu ernten! Wow, ich hab's geschafft! Endlich aufgenommen in die Männerriege. Welche Selbstverleugnung für ein »Kommst du noch mit auf ein Bier?«!

Schade, dass wir dafür sowieso immer zu müde waren. Denn am Ende eines solchen Power-Arbeitstages waren wir fertig. Zu müde zum Ausgehen, zu müde, um Freunde zu treffen; zu müde, ach zu allem! Nix mehr Power!

Doch die neunziger Jahre sind vorbei. Das Rezept »Werde ein besserer Mann« hat nur Teilerfolge erzielt. Zwar haben es durchaus einige Frauen bis fast an die Spitze geschafft. Darunter sind aber zu viele mit mit Betonfrisur, Betonlächeln und Betonseele. Diese sind betonhart gegenüber anderen Frauen, die solche »absurden« Lebensentwürfe wie Kinder, Privatleben, Freude verfolgen. »In Führungspositionen kann man keine Kinder haben!«, schleuderte mir kürzlich in einer Podiumsdiskussion eine »Betonfrau« entgegen. Das tat mir unglaublich weh. Nicht, weil ich deshalb niemals Karriere machen könnte, sondern weil mir diese Frau und alle Frauen, die für sie arbeiten, Leid taten.

Sie tat mir auch Leid, weil sie durch das Gefangensein in ihrer Rolle ganz wichtige innovative Strömungen in der Wirtschaft nicht wahrnehmen kann. Strömungen, die längst Männer erfasst haben und die diese auch bereits propagieren:

- dass »Betonköpfe« nicht die kreativen Lösungen finden können, die wir für die Zukunft brauchen;
- dass »Work Life« angesagt ist, das heißt, dass das ganze Leben bei der Berufsgestaltung Berücksichtigung findet. In immer mehr Unternehmen hat man längst erkannt, dass nur glückliche Mitarbeiter Höchstleistungen erbringen können. Und die Arbeitsgestaltung wird darauf ausgerichtet. Frauen haben als Vorkämpferinnen auch Männern die Möglichkeit für Teilzeit oder ein »Sabbatical«, eine längere Auszeit, eröffnet;
- dass Frauen gerade durch ihre weiblichen Fähigkeiten wichtige Impulse in Unternehmen einbrin-

Nur glückliche Mitarbeiter erbringen Höchstleistungen.

gen können. Immer mehr Chefs wollen in Zukunft auf diese Impulse nicht verzichten, was zählt, sind Kundenzufriedenheit, Mitarbeiterführung und Teamarbeit;

- dass Frauen in Führungspositionen die besseren Zeitmanager sind, wie eine Untersuchung von *Time/system* ergab. Sie kommen mit deutlich weniger Überstunden aus als ihre männlichen Kollegen, organisieren ihre Arbeit konsequenter als Männer, zeigen mehr Selbstdisziplin und gehen früher nach Hause;

- dass »Emotionale Intelligenz« zur Spitzenfähigkeit von Spitzenkräften gehört. Also genau die »weichen« Eigenschaften, die viele Frauen sich so mühsam abtrainiert haben;

- dass Frauen besser auf den ökonomischem, technischen, kulturellen und sozialen Wandel der Zukunft eingestellt sind, denn der verlangt in erster Linie Kommunikation. Und die ist eine Domäne der Frauen.

Aber auch die Bedeutung von Energie wandelt sich. Weg von dem mechanischen, sehr männlichen Prinzip des »Oben Energie hinein, kommt unten Leistung heraus« zu der, sicher sehr stark von östlichen Weisheiten beeinflussten weiblichen Energieformel »Alles fließt«. Die Chinesen sprechen in diesem Zusammenhang vom »Chi«, der Energie, wie sie beispielsweise im Tai Chi verwendet wird; im Japanischen wird Energie mit »Ki« übersetzt und taucht beispielsweise in Reiki auf. Energie wird auch von vormals coolen Machern neu definiert, beispielsweise so: »Die lebensbejahende Kraft, die alles hervorbringt.« Manche behaupten sogar, dass nach Jahrzehnten männlich geprägter »Yang-Energie« jetzt über Jahrzehnte die weibliche »Yin-Energie« die Wirtschaft bestimmen werde.

In unserer Kultur wurde Energie immer mit Bewegung gleichgesetzt – schnell, laut, kräftig. Power bedeutete: Kämpfe oder du wirst verlieren. Es hieß Höchstleistung bringen oder du setzt deine Karriere aufs Spiel. Power bedeutete Sichanpassen, denn Querdenker wurden nur in Anzeigen geschätzt.

Auf einmal wird klar: Energie ist nicht gleich Power. Sie ist auch Power. Doch Power ist der eingeschränktere Begriff.

Energie ist nicht gleich Power.

Schauen wir uns doch mal an, was Energie in ihrer ganzen Form auszeichnet. Bernd Hohmann formuliert es so: »Lebensenergie heißt, die Süße des Lebens zu kosten.« Lebensenergie lässt sich nicht messen, wie in Watt oder Volt, hat auch nicht unbedingt immer etwas mit Leistung zu tun. Du kannst Energie nach außen schicken und etwas bewegen. Du kannst sie aber auch nach innen schicken und entweder in dir etwas bewegen oder auch zur Ruhe kommen, zu dir kommen.

Der Wunsch nach dieser Lebensenergie, diesem »melting like honey in the sun«, ist eine ewige Sehnsucht der Menschen. In den meisten Schlagern wird beispielsweise dieses Sehnen besungen, diese Sehnsucht nach Hingabe, nach Erfüllung ... Oft bleibt es bei der Sehnsucht, denn unsere Lebensenergie wird allzu oft vom Alltag aufgefressen, von Zwängen, in die wir uns begeben, von verbissenem Ehrgeiz oder von Angst.

Doch ohne Lebensenergie kann keine Lebensfreude entstehen. Und der Umkehrschluss lautet: Mehr Lebensenergie bedeutet mehr Lebensfreude. Eine asiatische Weisheit sagt: »Ein Fluss, der wieder fließen kann, wird wieder lebendig; das Leben links und rechts erwacht.« Auf unser Leben angewandt: Wenn wir mehr Lebensfreude haben wollen, sollten wir Energie fließen lassen, nicht nur tun und tun und tun. Oder etwas flapsig ausgedrückt: Transpiration sollte durch Transformation ersetzt werden. Das Geheimnis dabei ist, in der Balance Energie abzugeben und Energie aufzunehmen. »Nur wer selbst brennt, kann andere zum Glühen bringen.

Mehr Lebens-energie bedeutet mehr Lebensfreude.

Nur wenn ich selber keine Angst habe zu verbrennen, kann ich leuchten«, so Bernd Hohmann.

Dazu gehört auch, andere Energiezustände anzunehmen. Wir sind nicht nur energetisch, wenn wir Hochleistungen bringen, sondern auch in Müdigkeit und Erschöpfung steckt Energie. Leider wurde bisher in unserer Gesellschaft nur die Energie anerkannt, die nach außen wirkt. Nicht umsonst heißt »fit sein« in der ursprünglichen Übersetzung »angepasst sein«. »Seelenschau«, wie der Blick nach innen gern spöttisch genannt wird, hat einen verächtlichen Unterton. Laute Technomusik, zu der wir tanzen können, ist Power. Stille, in der Meditation etwa, ist »Eso-Getue«. Und das, obwohl in beidem, in Lärm und Stille, die gleiche kraftvolle Energie wirkt.

Kennen Sie die Geschichte *Siddhartha* von Hermann Hesse, in der ein Fährmann am Fluss sitzt, in totaler Stille? Er hört nur auf den Fluss und lernt vom Fluss. Erinnert Sie das vielleicht auch an den Ausdruck »Flow«, der in letzter Zeit die Management-Literatur erobert?

Mit Flow wird der Zustand bezeichnet, wenn wir ganz in eine Arbeit, in eine Aufgabe, in eine Situation versunken sind. In diesem Zustand schaffen wir Außergewöhnliches. Fast trunken tauchen wir nach einiger Zeit aus diesem Zustand wieder auf, wie aus einer tiefen Trance.

Wer einen solchen Flow-Zustand erlebt hat, kennt die Köstlichkeit dieses Geschenks, ganz und gar konzentriert zu sein, ohne sich angestrengt zu fühlen. Im Fluss eben. Und manche empfinden es auch so, als ob sie an einen Fluss angeschlossen wären, der nicht nur mit ihnen selbst zu tun hat.

Lebensenergie = Glück, Befriedigung und Sinn.

Mir geht es in manchen Momenten des Schreibens so: Meine Finger bewegen sich auf der Tastatur, ich sitze mit halbgeschlossenen Lidern da und »es schreibt aus mir heraus«. Hinterher lese ich meine Texte wie eine Fremde und frage mich: »Hab wirklich ich das geschrieben?« Diese Passagen zählen meist zu den besten Abschnitten in meinen Büchern, den weitestgehenden, den originellsten. Ich erlebe diese Momente wie ein Geschenk, und ich spüre ein tiefes Verbundensein mit der Welt.

Wenn uns diese Lebensenergie durchfließt, verspüren wir Glück, Befriedigung, Sinn. Wenn sie fehlt, empfinden wir Mühe und Kampf, Anstrengung und Frustration. Aber was raubt uns die Energie? Es gibt zahlreiche Energieräuber:

- Wenn beispielsweise in dem Unternehmen, in dem wir arbeiten, Energie vollständig in Profit umgewandelt wird, fühlen wir uns »ausgebeutet«. Uns wird alles genommen, was wir haben, und wir bekommen nichts von dieser Energie zurück. Keine Anerkennung, kein Lob, kein Feedback, keine Ermutigung. Über- und Unterforderung sind ebenfalls Energieräuber: Routinearbeiten machen uns schlapp. Stress macht uns fertig. Wundern wir uns, wenn wir dann am Abend nicht mehr so wahnsinnig lebensfroh sind?

- Es gibt Familienmitglieder, die alle anderen in der Familie aussaugen. Sie konsumieren Energie ohne Ende, geben aber nichts zurück. Vielleicht kennen Sie solche Familien, in denen stöhnend von diesen Energieräubern berichtet wird. Ich habe vor kurzem eine Frau gecoacht, die mir mit verzweifeltem Gesichtsausdruck schilderte: »Meine Mutter jammert ständig, dass ich sie nicht oft genug besuche. Wenn ich bei ihr bin, ist sie aber nur am Schimpfen, mäkelt an meinem Aussehen oder an meinem Lebensstil herum. Ich mag bald überhaupt nicht mehr hinfahren.«

- Manche Energieräuber sitzen in unserem Freundes- oder Kollegenkreis. Jedes Mal, wenn wir uns mit ihnen unterhalten haben, fühlen wir uns hinterher schlechter als vorher. »Negaholiker«, wie diese Menschen genannt werden, können nur maulen, über andere hetzen, uns im wahrsten Sinne des Wortes »runterziehen«. Gerade neulich hörte ich beim Frisör, wie eine Frau sagte: »Mir gefällt diese neue Frisur gut. Aber mein Freund wird sicher wieder schimpfen.«

Ich hatte mal eine Energieräuber-Freundin. Nach jedem Treffen mit ihr fühlte ich mich mies. Irgendwann wollte ich das nicht mehr. Ich sprach sie darauf an. Und sie sagte nur schnippisch: »Also, ich empfinde das nicht so, das ist wohl dein Problem.« Ich beschloss, dieses Problem zu lösen, und habe sie seitdem nie wieder gesehen. Andere Frauen haben mir von dem Energieschub berichtet, den sie empfanden, als sie beschlossen, sich von einem Nega-holiker-Partner nicht mehr klein machen zu lassen.

- Es gibt aber auch innere Energieräuber. Scham gehört zu einem den größten. Wenn ich mich schäme, bin ich mit meinem Gefühl in der Vergangenheit, bin damit also von der Lebensenergie im Heute abgeschnitten. Gründe, sich zu schämen, gibt es unendlich viele: Etwa weil ich anders bin als andere; weil ich ein »böses Mädchen« bin; weil ich mich minderwertig fühle; weil ich einmal etwas Schlimmes getan habe; weil ich einmal etwas nicht getan habe; weil ich mir Fehler nicht verzeihen kann ...

Mir selbst ging es mit meiner Figur jahrelang, ach, jahrzehntelang so. Ich schämte mich, weil ich zu dick war, nicht »passte«. Jeder Blick in den Spiegel bewies mir mein Versagen, meine Willensschwäche. Erst als ich mich nach 101 Diäten mit meinem Gewicht und meinem Körper aussöhnen konnte, als ich mich endlich »okay« fühlte, verschwand diese Scham. Ich beschloss, nie mehr in meinem Leben eine Diät zu machen. Von dem Tag an krempelte sich mein Leben um. Und ich bekam plötzlich massenhaft Lebensenergie.

Wie lässt sich überhaupt feststellen, ob man
- in einem Energie raubenden Unternehmen,
- in einer Energie raubenden Beziehung oder
- in einer Energie raubenden Scham gefangen ist?

Bernd Hohmann empfiehlt eine »Selbstachtungs-Bilanz«. Denn Selbstachtung ist wie Achtung und Anerkennung ein menschliches Grundbedürfnis. Jeder Mensch hat das Bedürfnis:
- gesehen zu werden,
- gehört zu werden,
- beachtet zu werden,
- geachtet zu werden,
- wichtig zu sein.

Und so ziehen Sie Ihre Selbstachtungs-Bilanz:
- Prüfen Sie sich: Steigt oder sinkt Ihr Selbstwertgefühl nach einem Arbeitstag, nach der Begegnung mit einem Familienmitglied oder einer Freundin/einem Freund?
- Sind Sie in einem Positiv- oder in einem Negativ-Kreislauf? Was steigt nach einer solchen Begegnung: Selbstachtung oder Verachtung?
- Wie steht es um Ihre Achtsamkeit sich selbst gegenüber, gegenüber Ihrem Geist, Ihren Gefühlen, Ihrem Körper? Wird sie stärker durch die Begegnungen oder schwächer? Was uns »runterzieht«, das kostet Kraft.

Der Psychotherapeut Bernd Hohmann, der schwerpunktmäßig in der Suchtberatung arbeitet, hat beobachtet, dass viele

Frauen »selbstwertmäßig unterer-
nährt« sind. »Sie hängen am Tropf des
Unternehmens, bekommen nie genug
Anerkennung, Streicheleinheiten. Und

Selbstachtung kann gelernt werden.

glauben deshalb, immer noch mehr leisten zu müssen, um gelobt zu werden.« Anders ausgedrückt: Wir verwenden einen Großteil unserer Energie, um so zu sein, wie andere uns haben wollen – Eltern, Partner, Vorgesetzte. Halt! Besser gesagt: Wir haben sie bisher so verwendet. Denn wir können das jederzeit ändern. Bernd Hohmann: »Selbstachtung kann gelernt werden!«

Ihr ganz persönliches Selbstachtungsprogramm

Wir haben Ihnen ein kleines, schnelles Selbstachtungsprogramm zusammengestellt, mit dem Sie heute, jetzt gleich anfangen können. Ein Programm, für das Sie weder Urlaub
nehmen noch Ihren Job hinschmeißen und auch nicht Ihren
Freund verlassen oder Ihr Sparkonto auflösen müssen.

1. Wie war das bisher?
Ziehen Sie eine Selbstwert-Bilanz. Wie rede ich mit mir
selbst, wenn ich zum Beispiel abends faul auf dem Sofa liege,
statt zu joggen, zu bügeln oder für den Französisch-Kurs zu
pauken? Welche Selbstwertspiele spiele ich da? Gestehe ich
mir mein Handeln zu oder mache ich mich dafür moralisch

fertig? Wie achte ich mich selbst? Gehe ich auf meine Gefühle, auf meine körperlichen Bedürfnisse, auf meine geistig-intellektuellen Bedürfnisse ein? Oder verdränge ich sie? Vielleicht, um Rücksicht auf jemand anderen zu nehmen?

1. Schritt: Urlaub vom Freizeit-Stress. Tun Sie eine Woche lang in Ihrer Freizeit nur das, worauf Sie wirklich Lust haben. Es gibt kein »Ich muss ...«, »Ich müsste ...«, »Ich sollte ...«, »Ich wollte doch ...«. Hören Sie auf Ihren Körper und tun Sie sieben Tage lang nur das, was er braucht: Aufs Sofa mit dem 700-Seiten-Schmöker; stundenlang Wäscheschubladen aufräumen; faul im Fenster liegen und auf die Straße schauen; jede Nacht in einer anderen Disco tanzen gehen; Fernsehen bis zum Umfallen. Egal, es gibt kein Falsch oder Richtig, kein Gut oder Schlecht. Tun Sie das, wonach es Sie wirklich gelüstet.

II. Ziehen Sie eine Energie-Bilanz: Wer tut Ihnen gut, wer zieht Energie von Ihnen ab? Erinnern Sie sich an Begegnungen, aus denen Sie unheimlich fröhlich und beschwingt zurückgekommen sind? Mit wem waren Sie zusammen? Was hat Sie so froh gemacht? Und umgekehrt: Wer zieht Sie herunter? Wie schafft dieser Mensch es, Ihnen die Laune zu verderben? Schreiben Sie auf einer Liste die Energiespender und auf einer anderen die Energieräuber auf. Schauen Sie sich die beiden Listen an. Was fällt Ihnen auf? Was können Sie verändern?

2. Schritt: Versuchen Sie eine Woche lang, mit mehr Energiespendern (positive Energie) als Energieräubern (negative Energie) zusammen zu sein. Das heißt, suchen Sie die Nähe zu Menschen, die Sie fröhlich machen, rufen Sie sie an, fahren Sie zu ihnen hin, warten Sie nicht auf Gelegenheiten, sondern schaffen Sie welche. Meiden Sie die Nähe von Negaholikern, die Ihnen die Stimmung verderben. Sagen Sie Verabredungen ab, verschieben Sie Termine mit solchen Miesepetern, gehen Sie mittags nicht mit ihnen zusammen in die Kantine. Ziehen Sie nach dieser Woche ein Fazit: Wie geht es Ihnen, spüren Sie einen Unterschied?

Überwiegen in Ihrem Leben die Energieräuber?

III. Überlegen Sie sich: Was brauche ich von außen, um etwas zu ändern? Von wem kann ich dabei Hilfe annehmen? Brauche ich jemanden, der mich ab und zu an die Hand nimmt? Wer darf mir ab und zu etwas Gutes tun? Lasse ich es zu?

3. Schritt: Bitten Sie eine Woche lang jeden Tag jemanden darum, Ihnen etwas Gutes zu tun. Fragen Sie z.B. eine Freundin, ob Sie sie abends zum Joggen abholt. Bitten Sie Ihren Mann, Sie an der Stelle zu streicheln, an der Sie es besonders genießen können – und dabei geht es nur um dieses eine Streicheln, nur um Sie, damit er auf keine falschen Gedanken kommt. Bitten Sie einen Kollegen darum, Sie in der Konferenz auf ein Thema anzusprechen, das Ihnen am Herzen liegt, wofür Ihnen aber bisher der Mut gefehlt hat, sich zu Wort zu melden. Bitten Sie eine Freundin darum, Ihnen zum Ausgehen ihre wundervolle Stola zu leihen. Ziehen Sie am Ende der sieben Tage ein Fazit: Was fiel Ihnen schwer? Wie ist es gelaufen? Wie wohl fühlen Sie sich?

IV. Energienehmen und Energiegeben wirken vice versa. Wenn positive Energie fließt, geht es mir gut. Überlegen Sie sich: Wem kann ich etwas Gutes tun, wem gebe ich gern und freiwillig von meiner Energie ab, wem gebe ich Energie zurück? Es ist sehr spannend zu beobachten, was geschieht, wenn wir positive Energie abgeben, vor allem an Menschen, die das nicht von uns erwarten.

4. Schritt: Das Pfadfindererlebnis. Tun Sie eine Woche lang jeden Tag einem Menschen etwas Gutes. Das muss keine große Sache sein. Es reicht ein fröhliches »Guten Morgen« an die Nachbarin, mit der Sie sonst nichts zu tun haben. Es kann ein Gefallen sein, den Sie Ihrem Partner tun, ohne Gegengeschäft. Erledigen Sie schnell etwas für eine Freundin, von dem Sie wissen, dass sie nie dazu kommt. Und genießen Sie den Blick der »beschenkten« Person, die Wärme, die zu Ihnen herüberschwappt, »like honey melting in the sun«. Ziehen Sie nach dieser Woche Bilanz: Wie viel Energie haben Sie eingesetzt? Ist etwas davon zurückgekommen?

V. Genauso wichtig zu wissen, was ich für die Lebensfreude brauche, ist zu wissen, was ich gewiss nicht brauche. Und der Mut, dies zu sagen: »Ich möchte heute Abend nicht mit dir auf diese Party gehen.« Oder auch mal: »Ich möchte nicht die Assistenzstelle, ich möchte die Projektleitung!« Das Zauberwort dabei heißt: Nein.

5. Schritt: Sagen Sie eine Woche lang Nein zu Dingen, die Sie nicht wollen. Sagen Sie Nein zum Stück von dem selbst gebackenen Kuchen, den Sie als Kind schon verabscheut haben. Sagen Sie Nein, wenn eine Kollegin Ihnen zuckersüß flötend noch eine Arbeit auf den Tisch schieben will. Sagen Sie Nein, wenn eine Freundin mit Ihnen auf Frust-Shopping-Tour gehen will und Ihnen nicht danach ist.

VI. Begeben Sie sich endlich auf Ego-Trip! Nachdem Sie herausgefunden haben, welche sinnlichen Bedürfnisse Sie haben, geht es im Kontakt mit anderen um die Umsetzung. Holen Sie sich, was Sie brauchen. Sie haben ein Recht darauf. Und es ist viel besser, Bedürfnisse direkt zu erfüllen, als sie in materielle Ersatzhandlungen umzuformulieren. Was wollen Sie mit der 19. Bluse, aus Frust nach einem verkorksten Arbeitstag gekauft? Was hilft die Schachtel Pralinen vor dem Fernseher, an der Seite des Gatten, wenn Ihre Sinnlichkeit nach Orgien schreit?

6. Schritt: Machen Sie in der nächsten Woche mindestens einmal etwas völlig Unmögliches! Etwas, wofür Sie sich normalerweise schämen würden, wenn es nicht die Aufgabe in Ihrem Selbstachtungsprogramm wäre. Etwas Sündiges oder Freches, etwas ... Also, das bleibt Ihrer Phantasie überlassen. Nur Sie können sich so etwas »Real Shocking« ausdenken. Ziehen Sie hinterher ein Fazit: Wie war dieses Erlebnis? Wie haben die anderen reagiert, wie haben Sie sich dabei gefühlt? Wie hat es Ihre Lebensenergie verändert?

Das Wichtigste in dieser Woche, die Ihr Leben verändern kann: Hören Sie auf die Weisheit Ihres Körpers, er sagt Ihnen

Hören Sie auf die Weisheit Ihres Körpers. deutlich, was Sie brauchen. Lassen Sie sich von Ihren Wünschen inspirieren, werden Sie kreativ, um sie zu erfüllen. Dann sind Sie mittendrin im Energiefluss des Lebens. Warum nur eine Woche? Oft schrecken wir vor Veränderungen zurück, weil sie so nachhaltige Folgen haben. Aber in einer Woche wird weder unser Körper verfallen, nur weil wir das gewohnte Fitnessprogramm streichen. Noch wird uns unser Lover verlassen, nur weil wir mal eine Woche lang mehr Zeit für uns selbst brauchen. Die Nachbarn werden uns nicht verklagen, nur weil das Küchenfenster nicht geputzt ist. Und auch den Job riskieren wir nicht, nur weil wir einmal fröhlich pfeifend früher nach Hause gehen. Also, schenken Sie sich diese eine Woche. Danach können Sie immer noch entscheiden, ob Sie Ihnen gut getan hat oder nicht. Und ob Sie mehr von dem haben wollen, was Ihnen diese Woche an Energie geschenkt hat.

Zum Abschluss dieses Kapitels möchte ich Ihnen gern die Weisheit eines Zen-Meisters mitgeben, die da lautet:

> *Wenn ihr gehen müsst, geht.*
> *Wenn ihr sitzen müsst, sitzt.*
> *Seid einfach euer gewöhnliches Selbst*
> *im gewöhnlichen Leben.*

»Erfolg macht Lust.«

Ein Porträt von
Gabriele Hofmeister-Schönfelder

❑ *Gabriele Hofmeister-Schönfelder, 38, ist Unternehmens-beraterin, Lehrbeauftragte und Geschäftsführerin des Forums »Frauen in der Wirtschaft«, einem Zusammenschluss der Frauenbeauftragten aus Großunternehmen, Hamburg.*

Wie schmeckt Erfolg?

Erfolg schmeckt süßlich, riecht nach Rose und ist etwas Großes.

Etwas Großes?

Mmh. Und schmeckt nach, schmeckt nach mehr …

Wann haben Sie diesen Geschmack das erste Mal auf der Zunge gehabt?

So vor zirka sechs Jahren das erste Mal. Vorher war es normal für mich, dass ich Erfolg hatte, weil Erfolg für mich das Ziel meiner Arbeit gewesen ist. Aber dieses Erkennen und dieses Definieren, dass der Erfolg von meiner Arbeit abhängt, das ist so fünf, sechs Jahre her.

Erinnern Sie sich noch an diese Situation?

Ja, das war ganz klar auf der Messe gewesen, auf der ich für das Unternehmen Philips einen Messestand organisiert habe.

Auf der »TOP«?

Auf der »TOP 93«, der Frauenmesse in Düsseldorf. Mit eigenem Budget, mit 45 Frauen auf dem Messestand, 45 Frauen aus acht Unternehmensbereichen. Alles unterschiedliche Philips-Unternehmensbereiche. Und mir ist es gelungen, eine Harmonie auf diesem Stand mit diesen vielen Frauen hinzubekommen, das Ziel des Unternehmens einer breiten Masse zu präsentieren. Es ist nichts eingestürzt, es haben sich alle nachher noch verstanden und wir haben das Budget unterschritten. Das war für mich eine ganz klare Bestätigung meiner Arbeit, eine Bestätigung dessen, was ich tue, und das war für mich ein Erfolg. Den habe ich auch so wahrgenommen und realisiert und hab gesagt, auf dieser Basis kannst du weitermachen, und guck, wie du weiterkommen kannst.

Wie haben Sie diesen Erfolg dann gefeiert?

Einmal mit den Frauen; dann privat mit meinen Freunden, wir haben eine ganz große Gartenparty veranstaltet. Und ich habe es auch im Unternehmen artikuliert, worin unser Erfolg, worin mein Erfolg bestand und dass ich diese vielen Stunden, die dabei draufgegangen sind, und die körperliche Arbeit, die dabei stattgefunden hat, dass das alles zu einem guten Ergebnis geführt hat. Gut, und da gab es dann auch eine kleine Anerkennungsprämie.

Tatsächlich?

Ja, es wurde erkannt, dass das auch mein persönlicher Einsatz, mein Engagement war und Herzblut dranhing. Aber es wurde auch erkannt, dass so ein Auftritt von einer Männergruppe nicht hätte stattfinden können. Also, konkurrierende Unternehmensbereiche aus einem Konzern unter einem Mantel, das ist schon mal die Revolution. Man musste sich über verschiedene CIs (Corporate Identity) hinwegsetzen, man musste sich über Befindlichkeiten hinwegsetzen, und diesen Mut, den hätten männliche Kollegen nicht aufgebracht, das zu tun.

Weil sie selbst nicht groß genug rausgekommen wären?

Weil die sagen: »Das geht nicht, das geht nicht in dieser Konzernphilosophie.« Und wir haben gesagt, natürlich geht das, wir wollen ja kein Produkt verkaufen, sondern wir wollen eine Kultur verkaufen, wir wollen die Unternehmenskultur verkaufen.

Sie haben Ihren eigenen Anteil an diesem Erfolg klar gesehen. Wie haben Sie das gelernt?

Das war ein langer Prozess; denn Erfolg zu teilen oder Erfolg zu akzeptieren, das bedingt ja das Umfeld. Das Umfeld muss einem den Raum lassen, den eigenen Erfolg erkennen zu können. Und oft sind manche schneller und sagen: »Hab ich gemacht.« Das habe ich lernen müssen. Ich blicke auf 14 Jahre Konzernerfahrung zurück und ich habe lernen müssen, dass meine Sozialisation eine andere ist als die von Männern, von der Erziehung her, von meinem Selbstwertgefühl her, von meinem Selbstverständnis her.

Das Umfeld muss einem den Raum lassen, den eigenen Erfolg erkennen zu können.

Ich teile, ich arbeite gerne im Team, weil ich die Synergien nutze. Ich bin nicht so ein Egozentriker und sage nur »Hab ich gemacht«, »Hab ich gut gemacht«, sondern ich rede sehr viel in der »Wir-Form«, weil ich vieles ganz alleine nicht schaffen könnte. Ich musste aber lernen, dass ich mit dieser Strategie nicht erfolgreich sein kann, weil ich von den anderen nicht so gesehen werde, wenn ich mich nicht zeige und sage »Hab ich gemacht«.

Erinnern Sie sich noch an den Anlass, als Sie gelernt haben, jetzt muss ich hier mal aufzeigen?

Also, ich komme ja aus der Technik, ich bin ja Arbeitswissenschaftlerin, habe Röntgengeneratoren betreut und befand mich in einer reinen Männerwelt. Und bin – jung, Frau und nicht gerade eins neunzig groß – in so eine alte, verkrustete, technische Männerwelt reingekommen.

Wie alt waren Sie da?

Vierundzwanzig. Also, Studium, ein Jahr bei den Hamburgischen Elektrizitätswerken und dann gleich in den Generatorenbau. Da herrscht schon ein raues Klima. Die Spielregeln habe ich erst einmal lernen müssen. So, und dann, die Übernahme von Verantwortung, die Übernahme von Personalverantwortung, die Übernahme eines ganzen Bereiches. Da musste ich meine eigene soziale Kompetenz, also mich quasi einbringen – und dann noch erkennen, welchen Anteil ich zum Erfolg beigesteuert habe.

Wenn Sie jetzt mal zurückschauen, was war so Ihr größter Erfolg in Ihrem bisherigen beruflichen Leben?

Mein größter Erfolg war und ist, also er ist es ja auch heute immer noch, als Gleichstellungsbeauftragte ein funktionierendes Netzwerk in einem internationalen Konzern aufzubauen. Ein Netzwerk, in dem, von der Personalleitung bis zu den Betroffenen, alle miteinander kommunizieren und das Thema Chancengleichheit nicht nur eine Floskel ist.

Wo nehmen Sie Ihre Grundenergie her?

Aus meiner positiven Lebenseinstellung. Und manchmal hole ich meine Energie bei anderen ab. Also, wenn ich einen schlechten Tag oder eine leere Batterie habe, dann versuche ich schon mit Menschen zusammenzuarbeiten, von denen ich weiß, die können mir Kraft geben.

Was sind das für Menschen?

In der Regel Kolleginnen. Ich gehe eigentlich mit meinem Thema nicht in die Familie. Also, zu meinem Mann schon, aber ich gehe nicht tiefer in die Familie hinein. Und ich belaste auch nicht unseren Freundeskreis mit dieser Thematik. Die wissen, was ich mache, die schätzen auch meine Arbeit, aber ich möchte die nicht zu meinem Seelenmülleimer machen. Es gibt Menschen, die sind mein Seelenmülleimer, aber ich bin auch deren Seelenmülleimer. Und das ist wieder ein Netzwerk im Geben und Nehmen.

Macht Ihnen das, was Sie tun, Spaß?

Ja, ja!

Wie groß ist die Wichtigkeit von Spaß in Ihrem Leben?

Ich würde sagen neunzig Prozent. Ich könnte nicht erfolgreich arbeiten, wenn ich keinen Spaß an der Arbeit hätte. Also, wenn ich so einen Tag ohne Spaß hätte, da könnte ich gleich nach Hause gehen, könnte mich wieder ins Bett legen. Aber ich kann mich nicht erinnern, wann ich so einen Tag jemals erwischt hätte.

Was ist Ihre Motivation?

Etwas bewegen, Erfolg haben. Meine Motivation ist nicht, ich stehe heute auf und ich will Spaß haben, **Motivation** das nicht. Ich stehe auf, will meine Ar- **heißt etwas** beit gut machen, will meinem Qualitäts- **bewegen,** anspruch gerecht werden und möchte **Erfolg haben.** dabei auch nette Menschen treffen.

Ich weiß, dass es Konkurrenz gibt, aber ich versuche eigentlich, mit Konkurrenz relativ locker umzugehen. Ich weiß, wenn man sich umdreht, dass an dem eigenen Stuhl gesägt wird. Darüber muss man sich im Klaren sein, wenn man in einem großen Unternehmen arbeitet. An meinem Stuhl wurde eigentlich immer nur mit dem Budget gesägt. War ich vier Wochen nicht da – verteidigte ich mein Budget nicht –, konnte es sein, dass es weg war. Das hat mich schon belastet und hat mich auch in meiner Kreativität gelähmt.

Was hat Ihnen an der Arbeit als Frauenbeauftragte gefallen?

Toll daran war die Freiheit, die man hatte. Angefangen von der Beschaffung von Kindergartenplätzen, der Einrichtung von Telearbeitsplätzen und Teilzeit über die Schaffung von Rahmen- und Randbedingungen bis hin zur Gestaltung von Seminaren. Der Gestaltungsfreiraum war immens groß. Und dieser Gestaltungsfreiraum – wenn man ihn nutzt – kann unendlich viel Spaß machen. Das ist Kommunikation pur. Ein weiterer Pluspunkt: Wer aus der Linienfunktion in eine Stabfunktion geht, hat unglaubliche Freiräume.

Zum Beispiel?

Dass man reisen kann. Dass man Veranstaltungen besuchen kann. Dass man über Sachen entscheiden kann, mach ich, mach ich nicht. Da ist Raum für Kreativität. Da ist jede Frauenbeauftragte, jede Projektleiterin, wie auch immer sie heißt, gefordert, Kreativität in diesen Job zu investieren. Dieses Erkennen – und nicht verbiestert hinter dem Kleinkram herzurennen –, das ist der Charme eines solchen Projektes.

War das der Punkt, wo Sie gemerkt haben, Mensch es bringt was, es lohnt sich?

Ja. Ich habe Menschen geholfen, mit Zahlen weiterzudenken. Wenn die Kopfblockade kam, habe ich eine Zahlenbrücke gebaut. Ein Beispiel: Die Ausbildung für einen Ingenieur kostet ungefähr zwei Jahresgehälter, egal ob Mann oder Frau, das ist gleich teuer. Mitarbeiter werden gebunden, die diese Menschen anleiten. Da sind Sie schnell bei 200 000 Mark. Das ist eine Investition. Da kann ich doch eine Mitarbeiterin nicht einfach nach Hause schicken, nur weil sie ein Kind bekommt und ich nicht in der Lage bin, flexibel darauf zu reagieren.

Was gehört noch zu einer Erfolgsstrategie? Begeisterung?

Ja. Man muß begeistern können, man muß selbst vom Erfolg begeistert sein. Das ist wahrscheinlich wieder sehr weiblich, aber bei mir muss sich Erfolg nicht immer monetär auszahlen. Sicherlich muss das Geld stimmen, keine Frage, und gute Arbeit muss auch gut bezahlt werden, aber ich finde nicht, dass man für jeden Erfolg loslaufen muss und wieder eine Gehaltserhöhung haben muss. Sondern, man kann auch Kraft schöpfen aus dem Erfolg …

Man muss begeistern können.

Also Erfolg ist Belohnung genug, meinen Sie?

Nicht dauerhaft. Aber ich sag mal, nicht für jede gute Tat brauche ich auch ein Taschengeld mehr. Also diese Jagd nach mehr Geld – sicher, Erfolg, Geld, Karriere sind auf einer Linie, aber man muss das nicht immer nur wirklich in D-Mark festmachen. Eine andere Messgröße, eine andere Messlatte auch daran legen.

Belohnen Sie sich manchmal mit etwas, wenn Sie eine Sache gut gemacht haben?

Ich lebe zum Beispiel gerne mit Blumen und es gibt so gewisse Pflanzen, die ich gerne um mich habe. Ich belohne mich eigentlich damit, dass ich mein Arbeitszimmer mit frischen Blumen bekleide, schmücke. Das ist für mich eine Belohnung. Wenn ich meine, das habe ich gut gemacht, kaufe ich mir einen herrlichen Blumenstrauß. Ich bin überhaupt keine Frustkäuferin, ich würde niemals aus Frust irgendetwas kaufen. Aber das, das ist für mich eine Belohnung.

Sie haben sich ja jetzt als Unternehmensberaterin selbständig gemacht. Ist es da schwieriger, den Erfolgsfaktor festzumachen, oder leichter?

Vielleicht könnten wir das in zwei Jahren noch mal diskutieren (lacht). So im Moment ...?

Woran machen Sie im Augenblick Erfolg fest?

Im Moment mache ich Erfolg daran fest, dass ich von vielen angefordert werde, die froh sind, dass ich keine Firmenzugehörigkeit mehr habe, sondern eine Neutralität. Und das ist für mich eine Bestätigung mehr, dass ich gute Arbeit geleistet habe. Ich kriege heute viel mehr Bestätigung und Lob für die

Arbeit, die ich in der Vergangenheit gemacht habe. Die Lehre habe ich dort gemacht, so will ich es mal sagen, das weiß ich auch. Und dass ich etwas bewegt bekomme mit der Strategie, die ich schon immer anwende und der ich wohl auch treu bleiben werde – das ist für mich heute wirklich eine Belohnung.

Was ist das für ein körperliches Gefühl, wenn man so einen Erfolg hinter sich hat, können Sie das mal beschreiben?

Es ist wie beim Sport, wie beim Ausdauersport. Man läuft und läuft und läuft und irgendwann ist ein Event, eine Veranstaltung, ein Kongress zu Ende. Und dann kommt die erste Phase: Gedanken im Kopf wie: War's das jetzt? Man ist ja noch total überdreht. Dann heißt es reflektieren, wieder auf den Boden zurückkommen, den Adrenalinspiegel wieder zu senken: Du hast das gut gemacht, es ist kein Chaos passiert, du hast es im Griff gehabt, das Telefon hat immer vernünftig funktioniert. Diese zweite Phase ist die Bewusstwerdung des Erfolgs! Und das kribbelt – erst im Kopf – und dann kribbelt es nachher auch im Bauch. Und dann kommt die dritte Phase des totalen Abschlaffens. Dann ist man gut beraten zu sagen, so jetzt wieder ein bisschen Traubenzucker, neue Ideen, neue Gedanken, neues Budget beantragen und wieder loslaufen!

Macht Erfolg süchtig?

Ja! Ja! Nach mehr. Wenn man ein Projekt gut gemacht hat, das zweite auch gut, dann muss das dritte einfach gut werden. Und das macht Lust. Also heißt es, sich zwischendurch wie-

der zurückschrauben und sagen, so, **Macht Erfolg**
jetzt möchte ich mal wieder ganz nor- **süchtig?**
mal arbeiten.

Nach Tiefschlägen hat man natürlich diese Kraft nicht mehr für den Erfolg. Ich beobachte jetzt an vielen Frauen, dass sie sich kräftemäßig überschätzen. Und ich sehe es mit großer Sorge, dass viele jetzt vielleicht keinen Reflexionspartner haben für ihren Erfolg. Oder es nicht zulassen, dass ihr Erfolg reflektiert und ihr Tun von anderen kritisiert wird. Sie nehmen es nicht an, dass Erfolg kritisiert wird, sondern arbeiten weiter, arbeiten eigentlich immer ganz scharf an der Grenze und haben keine Reserve mehr.

Macht Erfolg einsam?

Ähm …

Haben diese Frauen niemanden, mit dem sie reden, mit dem sie reflektieren können?

Erfolg ist ein langer Weg und ich könnte mir vorstellen, wenn man nicht rechtzeitig die Weichen stellt, dass man sehr einsam ist. Und ich weiß aus den Netzwerktätigkeiten, ich weiß von vielen Frauen, dass sie absolut einsam sind. Das einzige Ziel ist Arbeiten, das ist ihr Lebensinhalt.

Aber erleben diese Frauen das auch als Defizit?

Ich glaube, in stillen Stunden erleben sie das ganz vehement und ganz böse als Defizit. Sie erleben die Einsamkeit als Schmerz, als Ungerechtigkeit, um dann zu erkennen, dass

89

diese Ungerechtigkeit ja von ihnen forciert worden ist bzw. dass sie sich für diese Ungerechtigkeit oder Einsamkeit entschieden haben, das – glaube ich – ist das Schwere, das zu begreifen und da gegenzusteuern. Sie werden dann entweder verhärmt oder entwickeln eine gewisse Härte, in ihrer Sprache, in ihrem Tun, so, wie sie sich durchsetzen, so dass sie auch viele Menschen erschrecken können.

Es wäre schon sinnvoll, rechtzeitig darüber nachzudenken, wer sind meine Freunde, wo ist mein privates Umfeld, wo ist mein geschäftliches Umfeld? Man sollte versuchen, das voneinander zu trennen. Und immer noch genug Zeit und Kraft haben, alle einigermaßen gerecht zu bedienen.

Aber dann sagt natürlich die Karrierefrau: »Ich arbeite jeden Tag 16 Stunden, ich kann mir kein Privatleben leisten.«

Richtig, und sie arbeitet Sonnabend und Sonntag auch noch. Das muss man akzeptieren. Die kriegen Sie nicht umgepolt. Es wird aber einen Tag geben, und es gibt auch einen Tag in deren Leben, wo ihr irgendetwas fehlt. Man weiß ja nicht, was abends in diesen Köpfen vorgeht. Und es ist schwer, wenn man in einer wirklichen Macht- und Karriereposition ist, dann da auch wieder den Kontakt zur Basis herzustellen.

Wie haben Sie das selber geschafft?

Ich habe rechtzeitig erkannt, dass ich es alleine nicht schaffen kann. Ich habe so gut wie keine Kontakte unterbrochen, sondern ich habe sie immer gepflegt. Dass ich nicht alle Freunde gleichermaßen mit Zeit habe versorgen können, das war klar.

Ich hab auch klar gesagt, bis dahin kann ich gehen in meiner beruflichen Karriere.

Private Kontakte pflegen darf nicht zu kurz kommen.

Wir haben zum Beispiel in der Partnerschaft ganz klar festgelegt, wir wollen hier in Hamburg wohnen bleiben, wir ziehen hier nicht weg. Und das bedeutete für uns beide einen Karriereeinschnitt. Das war es uns wert und daran wurde nicht gerüttelt.

Und zwar von beiden Seiten?

Von beiden Seiten. Also für mich ist es karrierehinderlich, für meinen Mann genauso. Aber wir haben gesagt, hier ist unsere Wurzel, hier bleiben wir und hier sind unsere Freunde. Und den Freunden habe ich bei meinen Karriereschritten klar gesagt, dass ich mehr arbeiten muss, dass ich nicht mehr unendlich zur Verfügung stehe, aber wenn ich da bin, freue ich mich unheimlich, dass wir eine gute Freundschaft haben, und sie mögen für mich diese Zeit einfach akzeptieren. Ich brauche das.

Die haben mich oft gebremst, haben gesagt: Du siehst heute wieder aus wie ... Kann das sein, dass du einfach mal ein bisschen Sonne brauchst? Zu Anfang hab ich gedacht, Ihr seid nur neidisch, dass ich Erfolg hab, hab es aber dann sofort reflektiert, hab gesagt, vielleicht guck ich mal in den Spiegel und vielleicht haben sie Recht. Und sie meinten es gut, denn ich hatte ihnen ja gesagt, sie sollen auf mich achten.

Da sind langjährige Freunde, die einen anderen Erfolg geschafft haben. Wir haben keine Kinder, die haben Kinder.

Und deren Erfolg und deren Bestätigung bestehen eben auch im Großziehen der Kinder. Man muss das Menschen dann aber auch klar sagen: »Moment, ihr steckt Kraft in die Kindererziehung, ihr habt da ein Produkt, das heißt Kinder. Das ist viel, viel mehr Zeit, als ich in meine Arbeit stecke. Denn Kinderhaben ist ein 24-Stunden-Beruf. Und ich kann mal schlafen.«

Waren Sie immer schon so selbstbewusst, oder hat das auch mit den Erfolgen zu tun, die Sie hatten?

Ich bin vom Typ so. Das bedingt auch meine Erziehung, schon als kleines Mädchen fühlte ich mich für mich selbst verantwortlich. Und mir wird auch nachgesagt, dass ich schon als Kind immer so einen 360°-Winkel der Beobachtung hatte. Ich habe viel wahrgenommen, viel auf den Weg gebracht, viel organisiert und ich durfte es auch. Von daher ist es mir durchaus in die Wiege gelegt worden. Ich hatte auch oder ich habe Eltern, die das unheimlich unterstützt haben, und die mich nie zu einem Beruf gezwungen haben.

Mein Vater hat immer gesagt: »Kind, mach, was du willst, und versuche, dass du das schnell hinkriegst, und ich bezahle es.« Ich hatte das große Glück, während meines Studiums nicht jobben zu müssen, sondern mein Vater hat gesagt: »Zieh es durch.« Er hat die Zielstrebigkeit erkennen können. Diese Zielstrebigkeit, die war mir wichtig. Ich wollte ihm nicht unendlich auf der Tasche liegen, sondern ich wollte meinen Eltern zeigen, dass ich zielstrebig das Studium beende, zielstrebig einen Job anfange.

War Ihr Beruf Ihre Berufung, oder ist da in Ihrem Leben noch et-
was, das auf Sie wartet?

Das, was ich mache, das ist schon eine Berufung. Organisieren, Arbeitsabläufe gestalten, kreieren, das mag ich. Dass jetzt
der kommunikative Aspekt und der Bewegungsaspekt dazu-
gekommen sind, liegt vielleicht daran, dass ich mal Lehrerin
werden wollte. Ich habe immer Jugendarbeit gemacht – auch
über das Unternehmen, also Aktionen wie »Mädchen geben
der Technik neue Impulse«, »Technik ist weiblich« – da habe
ich mich immer sehr engagiert. Vielleicht liegt es auch daran,
dass ich selbst aus gesundheitlichen Gründen keine Kinder
bekommen konnte. An der Hochschule habe ich jetzt Lehr-
aufträge für Männer und für Frauen, aber auch reine Lehrauf-
träge nur für Frauen, weil ich denke, dass ich aus der
Erfahrung – aus dem, was ich gesammelt habe in meinem beruflichen Umfeld, mit den anderen Betrieben, mit anderen
Frauen – viel weitergeben kann.

Ich komme also wirklich mit einem Strahlen nach Hause, wenn ich eine Lehrveranstaltung hatte, und krieg so ein
bisschen glänzende Augen. Ein fernes Ziel ist ein fester Lehr-
auftrag, aber da muss ich noch viele Scheine sammeln, muss
noch eine Zusatzqualifikation erzielen. Und ich möchte pro-
movieren. Zwar hab ich im Moment ein Zeitproblem, aber ich
habe schon ein Thema. Irgendwann macht es »peng« und
dann wird das mein Ziel sein. Das wird mein Erfolg sein. Und
vielleicht wird es für das, was ich mir für mich mit langen
schwarzen Zöpfen gewünscht hatte, Lehrerin zu werden, die
Steigerung – nicht die Schule, sondern die Hochschule.

Das ist spannend. Den Kleinmädchentraum doch erfüllt. Aber warum sind Sie dann nicht gleich Lehrerin geworden?

Ich glaube, damals konnte ich mich nicht entscheiden. Da war ich so im Umbruch, das Profil des Ingenieurs fand ich letztlich doch spannender.

Und was reizt Sie an der Lehrtätigkeit?

Die Auseinandersetzung mit einer anderen Generation – also, ich bin jetzt 38 – und es sind ja schon Generationen hinter mir ... Das reizt mich unwahrscheinlich. Wie die denken, wie unbedarft die noch sind. Vielleicht finde ich das auch so faszinierend, weil ich aus einem Großkonzern komme, 14 Jahre Konzerntätigkeit, dieses Konzernkorsett, vielleicht fasziniert mich ihre Leichtigkeit.

Schule der Sinnlichkeit

Wie Sie Ihre sieben Sinne für den Erfolg nutzen

Erinnern Sie sich an einen heißen Sommertag in Ihrer Kindheit? Es sind Ferien, Sie laufen barfuß, unter Ihren Füßen spüren Sie trockene Erde, Sand und kleine Steine. Oder Sie laufen über einen Teerweg und spüren den glatten, warmen Belag unter Ihren Fußsohlen. Vielleicht duftet es nach heißem, aufbrechendem Teer? Oder nach frisch gemähtem Gras aus dem Nachbargarten? Sie pflücken ein paar Kirschen, die schwer an einem Ast über den Zaun hängen. Sie zerbeißen die pralle rote Frucht, spüren den Kern zwischen Ihren Zähnen, lutschen ihn mit der Zunge sauber – und spucken ihn aus. In den Obstbäumen lärmen Stare, Spatzen tschilpen an der Regentonne. In den Blättern der hohen Pappeln rauscht sanft ein warmer Sommerwind. Im Garten wachsen üppige Blumen, Ranunkeln, Bartnelken, Margeriten und Rosen in den leuchtendsten Farben. Auf einer Wiese pflücken Sie dottergelben Löwenzahn und flechten sich einen Kranz, den Sie sich wie eine Krone auf den Kopf legen. Ihre Haare sind warm von der Sonne und duften nach Heu und Blüten. Sie setzen sich auf eine Schaukel, schließen die Augen, werfen den Oberkörper zurück und schaukeln – bis in den Himmel.

Spüren Sie die Wonnen dieses Augenblicks? Diese völlige Hingabe an alle Sinne? »Ganzsein«, so stelle ich es mir vor. Als Kind sind wir Sinnesgiganten – sehen, hören, riechen, schmecken, fühlen, bewegen uns und spüren den Zauber des Augenblicks. Unsere Erinnerungen an die Kindheit sind an die Sinne gebunden, wir erinnern uns an nichts anderes als an das, was wir mit diesen Sinnen aufgenommen, erlebt haben. Manchmal ist es ein winziges Detail, das unsere Erinnerung weckt, und sehr oft ist die Nase daran beteiligt: Der Duft von Lavendelseife erinnert mich an Besuche bei meiner Großmutter; der Duft von Meersand an den Urlaub auf Spiekeroog; der Duft von Hagebuttentee an die Jugendherberge im Harz; der Duft von Bratäpfeln an den kleinen Kanonenofen im Kinderzimmer, auf dem wir an kalten Wintertagen Äpfel brieten.

Mit allen Sinnen erfahren wir die Welt. Auch heute noch. Erinnern Sie sich an den typischen Duft Ihres letzten Urlaubs? Schließen Sie doch mal die Augen und versuchen Sie diesen Geruch noch einmal zu schnuppern. Er kann Ihnen angenehm oder störend in Erinnerung geblieben sein, je nachdem, ob es sich beispielsweise um den Duft warmer Sonnencreme auf der Haut Ihres Liebsten oder den Gestank der Fischbraterei in der Nachbarschaft handelte.

Manchmal erinnern uns das Schattenspiel der Sonne durch ein Blätterdach, eine schöne Muschel, das Gefühl eines weichen Stoffs auf der Haut, der Geschmack eines Gerichts, das Rascheln einer Zeitung oder eine Stimme an eine bestimmte Situation. Wir drehen uns spontan um und sind verwirrt. Der klang doch wie ...

Welch ein weiter Weg ist es von diesem Rausch der Sinne zu unserem Arbeitsalltag. Oder? »Nichts ist in unserem Verstand, was vorher nicht in den Sinnen war.« Das wusste schon der englische Philosoph John Locke im 17. Jahrhundert. Also auch bei der Arbeit sind wir auf unsere Sinne angewiesen. Deshalb sollten wir sehr pfleglich mit unseren Sinnen umgehen. Denn Sinnesorgane brauchen Anregungen, um zu funktionieren. Sie müssen benutzt werden, um nicht zu verkümmern und abzustumpfen.

Auch bei der Arbeit sind wir auf unsere Sinne angewiesen.

Je mehr wir Fern-Sehen, Fern-Sprechen oder Fern-Schreiben, müssen wir darauf achten, dass wir die Welt auch unmittelbar wahrnehmen und uns die Wirklichkeit aneignen.

Der Künstler und Pädagoge Hugo Kükelhaus hat mal geschrieben: »Das Leben wurde uns – industriell, technisch, kommerziell, sozial – zur Fertigware in Werbepackung: Diese schiebt sich immer dichter vor die Nase. Man nimmt die Fertigware › Leben‹ und nimmt sich damit – das Leben.« (Zitiert nach Renate Zimmer, siehe Literaturverzeichnis.)

Wir sollten also die »Fenster zur Welt« regelmäßig putzen. Denn Sinnlichkeit hilft uns, zu analysieren, aktiv zu werden, zu handeln. Sie hilft uns auch, noch erfolgreicher zu werden, weil wir mehr sehen, mehr hören, mehr spüren. Oder, wie der Philosoph Kierkegaard schrieb: »Die Tür zum Glück geht nach außen auf.«

Ein Beispiel: Woran erkennen Sie, ob jemand schlecht gelaunt ist? Sie hören es schon an seiner Stimme, mit der er »Morgn« sagt. Sie hören auch, mit welchem Schritt er hereinkommt, wie er die Tür zuwirft. Sie spüren sogar den Lufthauch seiner Bewegungen. Sie sehen sein düsteres Gesicht, seine zusammengezogenen Augenbrauen, die Zornesfalte auf seiner Stirn, die hochgezogenen Schultern. Sie riechen vielleicht sogar das Stress-Adrenalin, das ihm aus allen Poren schießt. An seinem Händedruck fühlen Sie seinen Ärger. Fast körperlich spüren Sie seine Wut im Bauch. Und vielleicht merken Sie sogar, wie sich Ihre Bewegungen diesen »bad vibrations« anpassen:

- Sie bewegen sich sehr vorsichtig, fast geduckt,
- Sie vermeiden alle aggressiven Gesten,
- Sie umgehen den direkten Blickkontakt,
- Sie sprechen mit besonders sanfter Stimme,
- Sie lächeln beruhigend.

Stellen Sie sich vor, Ihre Sinne würden Ihnen nicht solche Warnmeldungen geben. Blind würden Sie in Ihr Unglück hineinstolpern, sich eine Abfuhr holen, vielleicht angeschrien werden, sich ärgern und ebenfalls wütend werden. Und Sie wüssten gar nicht, warum!

Alle Sinne auf Empfang:
Ein Schulungs- und Pflege-
programm für Ihre sieben Sinne

Sie sehen, Sinnlichkeit ist viel wert im Umgang mit Menschen, zur Einschätzung von Situationen und zur Erfassung von Zusammenhängen. Und Sinnlichkeit ist weiblich. Denn Wahrnehmung ist ein ganzheitlicher Prozess, und man weiß einfach, dass Frauen ganzheitlicher Informationen aufnehmen als Männer. Deshalb hier ein kleines Schulungs- und Pflegeprogramm für Ihre sieben Sinne, damit Sie sich noch mehr darauf verlassen können.

● **Augentrost**
Unsere Augen sind das meistbeanspruchte Sinnesorgan und Sehen der dominanteste Sinn. Die Sprache würdigt diese Vormachtstellung in vielen Ausdrücken: »den Durchblick haben«, »etwas auf den ersten Blick erkennen«, »klar sehen«, »das Nachsehen haben« oder auch bei der »Liebe auf den ersten Blick«.

Sehen bedeutet, Nicht-Alltägliches zu erkennen, aber auch Alltägliches in neuen Zusammenhängen zu betrachten.

Unsere Augen werden durch sensorische Reize leider auch enorm belastet. Nicht durch das ganz normale Schauen, sondern durch das konzentrierte Starren: in der Arbeit auf Papiere oder auf den Computermonitor, in der Freizeit auf den Fernsehbildschirm. Und »worst case« auf beides hintereinander, Tag für Tag.

Gönnen Sie Ihren Augen ab und zu etwas Augentrost.

Deshalb: Gönnen Sie Ihren Augen ab und zu etwas »Augentrost«, damit meine ich nicht das Heilkraut, sondern visuelle Erholungsausflüge. Augentrost ist für mich beispielsweise der Blick aus meinem Arbeitszimmer auf herrlich grüne Blätter, die sich sanft im Wind bewegen. Oder auf die monochrom-blauen Bilder des Künstlers Yves Klein, darin könnte ich versinken. Augentrost in höchster Vollendung ist für mich die Kombination von Blau und Grün, beispielsweise in der Landschaft des Allgäus. Sanfte grüne Hügel, darüber ein blauer bayerischer Himmel mit weißen, zart verstreuten Schäfchenwölkchen. Ich könnte irre werden vor Sinnlichkeit an solchen Tagen.

Andere lieben den Blick auf ihr Lieblingsbild oder ihr Lieblingstuch, den Blick über einen See mit weißen Segeln, auf bunte Stiefmütterchen im Balkonkasten, auf ein Bild ihres Liebsten, auf ihr spielendes Kind. Da kann das Auge bummeln gehen.

Wussten Sie, dass Frauen eine höhere Farbsensibilität haben als Männer? Vielleicht sind deshalb Frauenkleider farbenfroher als Männeranzüge. Und vielleicht tun wir uns mit der Anpassung durch Kostüm und Hosenanzug im gedeckten Mausgrau oder im Deutsche-Bank-Blau gar nichts Gutes? Und starren deshalb sehnsüchtig auf Krawatten, auf denen sich wenigstens ein paar bunte Punkte tummeln. Depressiv könnte man auch bei der graubeigen Phantasielosigkeit von Büros werden. Gönnen Sie sich ein paar farbenfrohe »Aussichtspunkte«. Eine blaue Vase, ein lila Briefbeschwerer, ein

Strauß gelber Blumen, ein roter Lampenschirm, ein Kissen in zartem Orange. Vor allem Rot- und Gelb-Töne machen gute Laune.

Wenn Sie Ihre Wahrnehmung schärfen wollen, rate ich Ihnen zu folgender Übung: Gehen Sie doch mal wie eine neugierige Touristin durch Ihren Ort. Sehen Sie sich mit Besucheraugen um, **So schärfen** entdecken Sie lauschige Plätze und **Sie Ihre Wahr-** herrliche Durchblicke, schöne Haus- **nehmung.** fassaden und nette Cafés. Sie werden mit ganz anderen Augen entdecken, wie viel Schönes Ihre Stadt zu bieten hat. Und schulen gleichzeitig das Erkennen von Details.

Hier können Sie aufschreiben, womit Sie Ihren Augen zwischendurch etwas Gutes tun wollen.

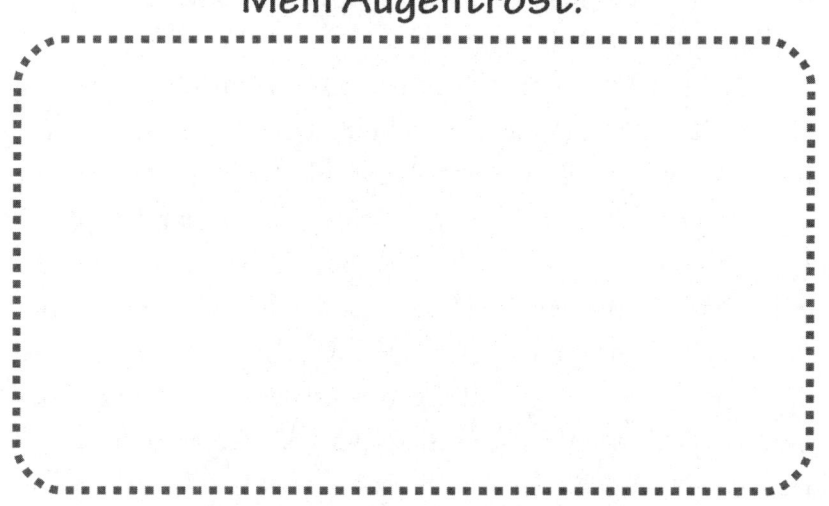

Mein Augentrost:

● Ohrenschmaus

Die Ohren sind unser komplizierteste Sinnesorgan, das wir zudem nicht »ausschalten« können. Aber was wir oft tun: Wir können auf »Durchzug« schalten. Ich konnte das schon als Kind, vor allem wenn ich gerade beim Lesen war. Wenn ich intensiv las, und ich las fast in jeder freien Minute, sogar im Stehen und Gehen, dann hörte ich gar nichts beziehungsweise kam in meinem Gedächtnis nichts von dem an, was mir gesagt wurde. Sie kennen sicher den Ausdruck »Da rein und da raus«. Ich habe mir manchen Ärger damit eingehandelt.

Als junge Journalistin habe ich sechs Jahre lang in einem Großraumbüro mit 50 Kollegen gearbeitet, und da kam mir diese Fähigkeit sehr zustatten. Ich hatte überhaupt kein Problem, mich zu konzentrieren. Das Problem an solchen Lärmkulissen ist nur, dass wir alles an unserem Ohr vorbeirauschen lassen, wichtige Zwischentöne aber nicht mehr registrieren. Denn dafür braucht es schon etwas Konzentration. Nicht umsonst schließen wir die Augen, wenn wir etwas ganz genau hören wollen.

Doch richtig hinzuhören bringt uns Vorteile. Weil wir eben genau die kleinen versteckten Botschaften mitbekommen: Zittert die Stimme vor Angst oder Aufregung, vibriert sie vor Freude oder Triumph? Will mich jemand foppen? Höre ich da eine versteckte Frage oder Unsicherheit? Wenn wir auf die Stimmmelodie achten, erfahren wir oft sehr viel mehr über den Sprecher, als diesem selbst lieb ist. Unsere Sprache kennt viele Ausdrücke, die mit dem Gehör zu tun haben: »auf einem Ohr taub sein« oder »das Gras wachsen hören«.

Ab und zu sollten wir unseren Ohren Hörurlaub verschaffen. Denn sie sind heute das gequälteste Sinnesorgan. Eine Untersuchung der Europäischen Umweltagentur hat 1995 ergeben, dass über die Hälfte der 450 Millionen Menschen in Europa regelmäßig Lärm von über 55 Dezibel ausgesetzt sind, und schon dieser Pegel kann zu Ärger, aggressivem Verhalten oder Schlafstörungen führen.

Gönnen Sie Ihren Ohren ab und zu Hörurlaub.

Also gönnen Sie Ihrem Gehör Erholung vom Lärmallerlei, das uns auf Schritt und Tritt begleitet. Von der allgegenwärtigen Dudelmusik zum Beispiel: Im Kaufhaus, im Flugzeug, im Restaurant, ja im Fahrstuhl verfolgt uns der ewige James-Last-Klangteppich. Oder von der Geräuschkulisse am Arbeitsplatz: Computertastaturen klicken, Telefone läuten, Drucker rattern, Maschinen brummen, Menschen quatschen, Kaffeemaschinen röcheln, Türen schlagen.

Früher war man wenigstens noch im Zug nicht diesem permanenten Lärmpegel ausgesetzt und konnte sich erholen, doch jetzt ist da ebenso die Hölle los mit klackernden Notebooks, trillernden Handys (da wünscht man sich fast, taub zu sein) und quäkenden JungmanagerInnen.

Ein mögliches Gegenprogramm: Suchen und genießen Sie Stille, auf einem Spaziergang durch ruhige Auen, während einer Bergwanderung auf einsamen Almen oder in einem Ruderboot weit draußen auf einem See. Damit schulen Sie Ihr Gehör, auch wieder Einzelheiten wahrzunehmen, den Schrei eines Vogels, das sanfte Klatschen des Wassers gegen den Bootsrumpf, leise Musikfetzen von der Uferpromenade.

Manche brauchen diese Stille zwischendurch, ich kenne einige Leute, die sind süchtig nach der Stille der Wüste. Manche erholen sich besser bei schönen Klängen. Wenn Sie zu dieser Gruppe gehören, dann baden Sie in Musik, die Sie wirklich lieben: Nehmen Sie alle Ihre Lieblingsstücke auf Kassetten auf oder brennen Sie sie auf CD, und sagen Sie dem Popmüll aus dem Radio ade.

Hier eine kleine Übung, mit der Sie Ihr Gehör mal wieder »justieren« können. Hören Sie per Kopfhörer klassische Musik, schließen Sie dabei die Augen, und achten Sie ganz genau auf die einzelnen Instrumente. Kein Husten wird Ihnen dann mehr entgehen.

Und beobachten Sie doch einmal beim nächsten Gespräch im Job, wie aktiv Sie zuhören können. Öffnet sich der andere im Gespräch, weil Sie ihm Aufmerksamkeit signalisieren, oder versiegt sein Redeschwall, weil Sie offensichtlich Desinteresse zeigen?

Hier können Sie aufschreiben, womit Sie Ihren Ohren zwischendurch etwas Gutes tun wollen.

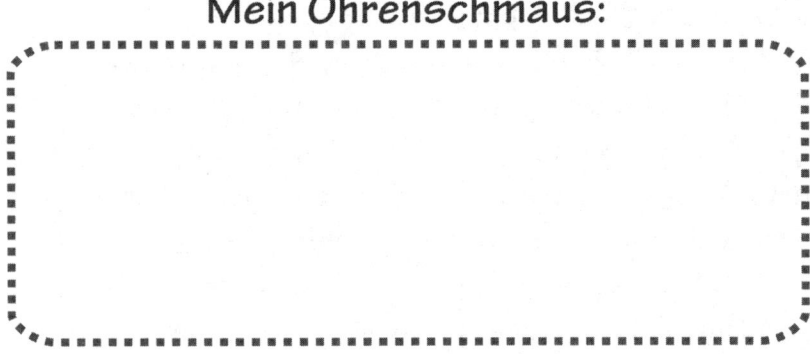

Mein Ohrenschmaus:

● Dufterlebnis

Der Mensch kann Tausende von verschiedenen Düften unterscheiden. Es ist kein Zufall, dass die meisten Erinnerungen, die wir haben, an Düfte gebunden sind. Denn zwischen der Riechbahn und dem limbischen System, also dem Sitz der emotionalen Bewertungen im Gehirn, gibt es eine enge Verbindung.

Übrigens: Wenn zwei Verliebte sich küssen, hat der britische Forscher Dr. Paul Brown kürzlich herausgefunden, werden dabei auf der Oberlippe unzählige Nervenenden stimuliert. Die setzen daraufhin Pheromone, Sexualduftstoffe, frei, die wiederum direkt in die Nase steigen und im Gehirn Lust auslösen.

Gerüche haben auch Einfluss auf die Frage von Zuneigung und Abneigung. Das negative Beispiel: schwitzende Zeitgenossen, die nicht oft genug ihre Hemden wechseln. Oft wissen wir noch Minuten später, wer vor uns durch den Flur gegangen ist. Und das positive: wohlriechende Menschen, denen wir gerne nahe kommen möchten. Hmm, lass mich an dir schnuppern. Davon profitiert eine ganze Industrie; für Duftwässerchen und Deos geben die Deutschen Milliarden aus.

Leider tun wir damit manchmal zu viel des Guten: »Potpourris« jagen Rosen- oder Zitrusdüfte durchs Zimmer; aus Duftlämpchen wabert »Tempelblume« und »Weihnachtswinterwald«; Büros sind geschwängert von einem Hauch »zu viel«, den manche Kolleginnen gern auflegen; in fast jedem Taxi kämpft ein »Duftbäumchen« (bevorzugt Vanille, denn Männer lieben Vanille!) verzweifelt gegen den Mief von nassen Mänteln an.

Unsere Sprache kennt beim Thema Nase positive und negative Assoziationen: »Wir können jemanden gut riechen oder gar nicht«; »Wir sind verschnupft«; »Wir verduften, wenn dicke Luft herrscht«. Und wir mögen denjenigen nicht besonders, »der überall seine Nase reinstecken muss«. Wenn wir aber unserer Nase trauen können, dann »riechen wir den Braten rechtzeitig«.

Damit wir auf Anhieb merken, ob wir den neuen Geschäftspartner oder die neue Kollegin »riechen können« oder lieber etwas vorsichtiger sein mögen, sollten wir ab und zu unserem olfaktorischen System eine Riechpause gönnen. Hin und wieder auf Parfum verzichten, mal wieder den ganzen Chemieduft tüchtig aus der Wohnung lüften und unsere Nase zur Abwechslung in Wiesenkräuter oder eine frische (echte) Seebrise stecken. Wenn unser Geruchssinn sich etwas erholt hat, können wir uns auch wieder verstärkt auf die Heilkraft von natürlichen Düften besinnen, auf Pfefferminz bei Kopfweh, Melisse bei Nervosität und Rosenöl nach Niederlagen und bei verletzten Gefühlen.

Einen Duft können wir besonders genießen: den Duft von Erfolg.

Einen Duft können wir besonders genießen: den Duft von Erfolg.

Hier können Sie aufschreiben, womit Sie Ihrer Nase zwischendurch etwas Gutes tun wollen.

Mein Dufterlebnis/meine Duftpause:

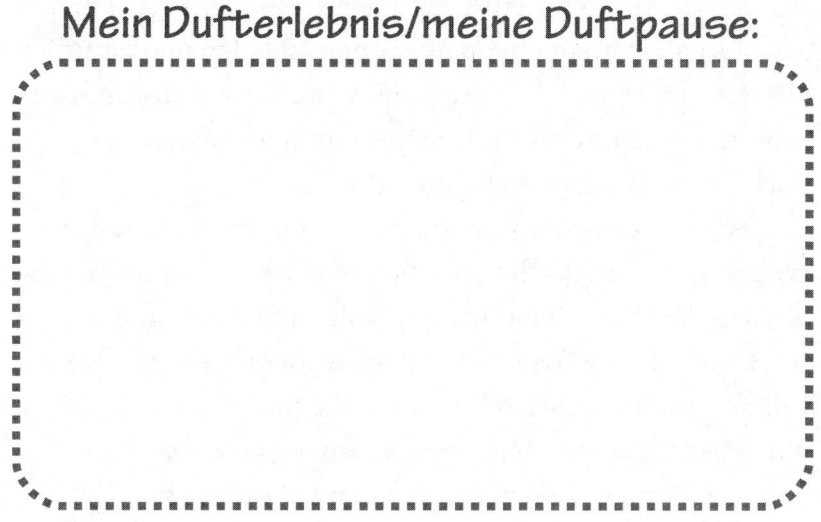

● **Gaumenfreude**

Wie schmeckt der Erfolg? Diese Frage habe ich den Frauen, die in diesem Buch porträtiert sind, gestellt. Manche schworen auf den Geschmack von Milchschokolade, andere auf schweren, alten Rotwein, wiederum andere auf ein gut gewürztes Filet. Geschmacksache eben.

Schließen Sie doch einmal kurz die Augen und denken Sie darüber nach: Wie schmeckt Erfolg für Sie, mit welchem Gericht würden Sie ihn vergleichen?

Wetten, dass Sie beim intensiven Nachdenken unwillkürliche Kaubewegungen machen werden, dass Ihre **Wie schmeckt Erfolg?** Zunge über Gaumen, Lippen, Zähne und Wangeninnenseiten gleiten wird, als wolle sie dort dem Geschmack nachspüren? Vielleicht wird Ihnen sogar das Wasser im Munde zusammenlaufen.

Unser Mund ist ein Geschmacksexperte. Er kann süß, sauer, salzig, bitter voneinander unterscheiden und natürlich alle Mischformen. Er warnt uns vor bitteren, also giftigen Pflanzen und produziert, wenn es ihm schmeckt, jede Menge Speichel für die gute Verdauung.

Schade, dass mit jeder Zigarette, mit jeder Tasse Kaffee unsere Geschmacks-Sinneszellen auf der Zunge geschädigt werden. Das heißt, Nikotin und Koffein rauben uns den »guten Geschmack«. Wie sollen wir uns dann Erfolge »auf der Zunge zergehen lassen«? Kennen Sie Situationen, in denen wir eine »süßsaure« Miene aufsetzen, obwohl uns die richtige Bemerkung gerade noch »auf der Zunge lag«?

Geruchs- und Geschmackssinn hängen übrigens eng zusammen, so läuft uns das Wasser im Mund schon bei einem herrlichen Duft, vielleicht bei dem Duft nach Bratkartoffeln oder frisch gebackenem Napfkuchen zusammen.

Zu viel Arbeit, Zeitnot, Hektik sind oft schuld daran, dass wir unsere Zunge malträtieren: Fertiggerichte, Fastfood und die ewigen belegten Brötchen machen dem Genuss den Garaus. Verwöhnen Sie Ihre Zunge doch mal wieder mit einem exquisiten Mahl, mit frischen Zutaten und würzigen Kräutern. Zelebrieren Sie diese Mahlzeit, lassen Sie sich Zeit, genießen Sie jeden Bissen. Und verschwenden Sie vor allem keinen Gedanken an Kalorien oder Cholesterin.

Hier können Sie aufschreiben, womit Sie Ihrer Zunge zwischendurch etwas Gutes tun wollen.

Meine Gaumenfreude:

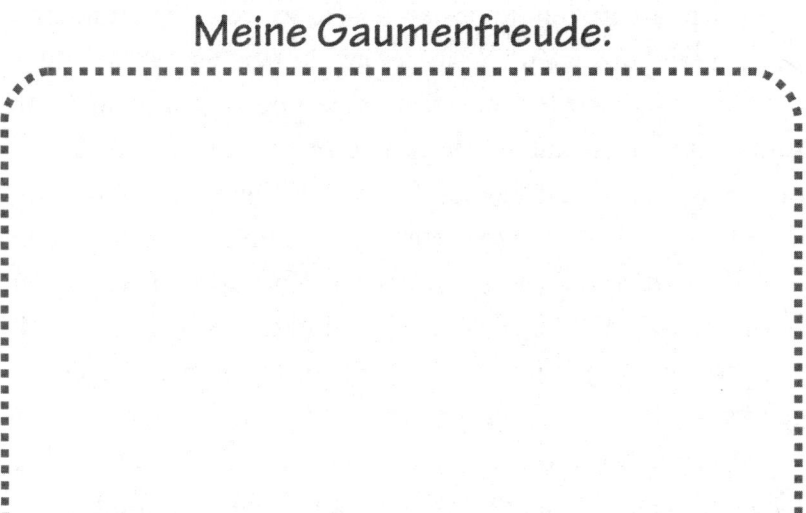

● **Streicheleinheit**

Der Mensch braucht pro Tag sechs Umarmungen, um glücklich zu sein. Behauptete die amerikanische Psychologin Virginia Satir. Auf wie viele Umarmungen kommen Sie pro Tag? Haben Sie Nachholbedarf, könnten Sie sich zwei Gruppen zum Vorbild nehmen: Kinder und Fußballer. Kinder kommen kuscheln, sooft ihnen danach ist. Hops, sitzen sie auf unserm Schoß (was ganz schön schwer werden kann, wenn sie schon 17 und 1,85 Meter sind).

Auf wie viele Umarmungen kommen Sie pro Tag?

Aber auch Fußballer sind gute Vorbilder. Ich behaupte, dass Männer diesen Sport vor allem wählen, weil sie sich da nach Herzenslust um den Hals fallen und abküssen können. Und nicht nur das, nach einem Tor springen sie sich regelrecht an, kugeln über den Rasen, werfen sich zu mehreren übereinander. Und strahlen dabei übers ganze Gesicht.

Manager würden sich das nach einem gelungenen Abschluss niemals trauen. Sie müssen sich mit dem Anfassen der harmloseren Art begnügen: Sie schütteln ausgiebig Hände, klopfen sich auf die Schultern, knuffen sich in die Seite.

Und wir berufstätigen Frauen? Wo kuscheln wir? Wer berührt uns? Wer knufft uns? Wir sind da fast völlig auf heimische Quellen angewiesen. Denn im Job haben wir es geschafft, uns alle vom Leib zu halten. Was auf der einen Seite ja auch wirklich okay ist, hat andererseits den Nachteil, dass jetzt gar niemand mehr wagt, in unsere Nähe zu kommen, geschweige denn uns zu umarmen (da haben es Französinnen oder Italienerinnen besser, die bekommen wenigstens zwei Küsschen).

Ausnahme: Wenn Sie in einer Frauenredaktion arbeiten, dann können Sie sich zumindest an jedem Geburtstag gegenseitig herzen und drücken (und merken, wie schön weich Frauen sich anfühlen).

Wir brauchen Berührungen zum Leben. Die Haut ist mit 50 Sensoren auf 100 Quadratmillimetern quasi die Mutter aller Sinne. Wenn diese Sensoren bei der Berührung einen leichten Druck verspüren, erzeugen

Wir brauchen Berührung zum Leben.

sie winzige elektrische Signale, die über die Nervenbahnen ins Gehirn geleitet werden. Damit ist die Haut das wichtigste Kommunikationsorgan.

Natürlich gibt es dickfelligere und dünnhäutigere Menschen, doch der Tastsinn ist der sensibelste Sinn bei allen

Menschen. Wobei Frauen sich – im Gegensatz zu Männern – ein Leben lang die hohe Hautsensibilität aus der Kindheit erhalten. Bei Männern lässt diese im Lauf der Jahre erheblich nach. Vielleicht cremen Frauen sich deshalb so gern mit teuren Essenzen ein, und der Kampf gegen Cellulite ist nur ein Vorwand? Oder: Cremen statt Fußballspielen? Wer weiß?

Doch nicht nur dem passiven Fühlen, sondern auch dem aktiven Tasten dient die Haut als Sinnesorgan. Haptische Menschen beispielsweise müssen alles anfassen, was sie »begreifen« wollen. »Berühren verboten« steht deshalb an Gemälden und anderen Museumsstücken. Ich habe mal eine Grabkammer im ägyptischen Tal der Könige besucht, wo touristische Grapscher große Teile der Wandmalereien quasi wegradiert hatten. Es ist zum Aus-der-Haut-Fahren! Vielleicht kennen Sie selbst den unwiderstehlichen Reiz, zu testen, ob das Schild »Frisch gestrichen« am Aufzug ernst ist. Auge und Nase reichen uns nicht, da muss der Finger her, um uns ein Urteil bilden zu können.

Zurück zum Berufsleben: Die einzige sanktionierte Berührung zwischen Männern und Frauen im Job, das Händeschütteln, liefert uns eindeutige Informationen über unser Gegenüber. Je nach Zustand der Haut, trocken oder verschwitzt, rau oder glatt, und je nach dem Druck der Hand, ob fest oder lasch, fällen wir unser Urteil: sympathisch oder unsympathisch, vertrauenswürdig oder suspekt.

Natürlich können wir nicht plötzlich, nur um auf unsere sechs Umarmungen zu kommen, unserem Chef um den Hals fallen, der Ärmste würde wahrscheinlich vor Schreck tot umfallen. Aber vielleicht haben Sie liebe Kolleginnen oder Kollegen, die es sehr nett finden würden, wenn Sie sich zur Begrüßung kurz in den Arm nehmen würden (nach meiner Erfahrung nimmt die Zahl der Körpermutigen zu). Fragen Sie doch einfach mal, ob sie gedrückt werden möchten. Vielleicht finden sie es ja »anrührend« oder gar »ergreifend«. Und Sie bringen einen »human touch« ins Unternehmen.

Ich war auf einer USA-Tour einmal bei einer Professorin zum Essen eingeladen. Nach einem herrlich verplauderten Abend fragte sie mich: »Are you a hugger?« (to hug – umarmen). Als ich etwas verwirrt bejahte, nahm sie mich zum Abschied herzlich in den Arm. Wie schön. Ich muss heute noch lächeln, wenn ich daran denke.

Noch ein Tipp für Geschäftsreisen: Auch da kommt es nicht so gut, wenn wir den Hotelportier bitten, uns doch mal eben liebevoll in den Arm zu nehmen. Viel besser: Ich gönne mir nach Seminaren oder Vorträgen als Belohnung eine Massage. Meist frage ich schon gleich bei der Buchung nach dieser Möglichkeit und reserviere mir einen Termin.

Hier können Sie aufschreiben, womit Sie Ihrer Haut zwischendurch etwas Gutes tun können.

Meine Streicheleinheit:

● Bewegende Momente

»Eine Frau in Bewegung kann niemand aufhalten«, so hieß mal das Jahresmotto des Managerinnen-Kollegs in Köln, für das ich seit vielen Jahren Seminare gebe. Ein schöner Spruch. Der Bewegungssinn sorgt dafür, dass wir aufrecht und den Gesetzen der Schwerkraft trotzend durchs Leben gehen. Innere Sensoren helfen uns dabei. Sie sind für die Kontrolle der Eigenbewegung zuständig. So finden wir beispielsweise den Weg mit einer Gabel zum Mund, während wir dabei Zeitung lesen. Und sie steuern unsere Schritte, während wir mit dem Kopf ganz woanders sind.

Bei neuen Bewegungen, die wir erst lernen müssen, funktioniert diese Automatik noch nicht, beispielsweise in der Fahrschule, da kommt es vor, dass Schüler vor lauter Bewegungschaos – bremsen, kuppeln, schalten, in den Rückspiegel gucken – plötzlich links und rechts verwechseln. Ein weiteres Beispiel: die Tanzschule. Wie war das nochmal, rechts rück und links seit oder andersherum?

Bewegung hat mit unserem Gleichgewichtssinn zu tun, und es kommt auch manchmal auf den Grad unserer Bewegung an, ob wir im inneren Gleichgewicht sind oder aus dem Lot geraten. Ob wir fest verankert und gut geerdet sind oder aus den Pantoffeln kippen.

Wissenschaftler haben festgestellt, dass ein guter Gleichgewichtssinn zur Wachheit beiträgt. Erinnern Sie sich noch an Ihre Schulzeit, wie Lehrer ständig über das »Kippeln« der Schüler auf ihren Stühlen geschimpft haben? Sie hätten sich an die eigene Brust klopfen sollen, denn die Schüler haben damit nur gegen aufkommende Müdigkeit angekämpft.

Wie steht es um unsere Bewegung? Wir sind festgezurrt auf Bürosesseln, Sitzungssesseln, Flugzeugsesseln, Autositzen, U-Bahnbänken, Fernsehsesseln. Manche Leute sitzen sogar Probleme aus. Und: »Endlich sitzen«, seufzen wir, wenn wir von einem langen Tag im Büro aufs Sofa sinken.

Mediziner halten Sitzen für die Ursache der vielen Bewegungskrankheiten unserer Zeit. Für Ihre Bandscheiben gibt es nichts Schlimmeres als Sitzen, alles andere ist besser, Laufen, Stehen, Liegen. Sitzen macht auf Dauer krank!

Gönnen Sie Ihrem Körper zum Ausgleich so viel Bewegung wie möglich. Im Büro zum Beispiel mit Hilfe eines Sitzballs. Das Ausrichten auf solch einem Ball oder auf einem der beweglichen Hocker, die jetzt angeboten werden, fordert das aktive Sitzen, bringt die Wirbelsäule in Bewegung, die Muskeln zum Arbeiten.

Gönnen Sie Ihrem Körper so viel Bewegung wie möglich.

Vielleicht haben Sie einen Drehsessel mit Schaukelfunktion im Büro. Wenn Sie schon stundenlang darin sitzen müssen, schaukeln Sie wenigstens so oft wie möglich, Sie werden wacher, aufmerksamer, einfühlsamer, kommunikativer.

Vielleicht können Sie manche Arbeiten an einem Stehpult erledigen, wie Lesen, Ordnen oder Konzipieren.

Bewegung macht kreativ, das ist wissenschaftlich bewiesen. Sie kennen das vielleicht, Sie müssen etwas zu Papier bringen, und das Hirn ist leer. Da hilft nur: aufstehen und herumlaufen. Manchmal reicht schon der Gang zur Toilette oder in die Kaffeeküche, damit sich die Blockade löst.

Mir geht es manchmal beim Schreiben so, dass ich total blockiert bin und mehr lösche als schreibe. Da gibt es nur eins: Computer aus, Laufschuhe an und eine Runde um den Block machen. Das ist der beste Stresskiller!

Bei größeren Stücken, also einem Buchmanuskript wie diesem hier, brauche ich zwischendurch einfach Auszeiten, in denen ich wandern gehe. Während ich mit meiner Familie oder Freunden durch herrliche Natur laufe, habe ich die besten Einfälle, gerade zum Thema Sinnlichkeit.

Tollen Sie in Ihrer Freizeit mal wieder so richtig herum, beim Sport oder mit Kindern. Kugeln Sie über Wiesen oder spielen Sie Ball. Nur weil Sie allergisch gegen den Fitnesswahn sind, was ich verstehen kann, heißt das nicht, dass Sie sich nicht trotzdem bewegen können.

Tanzen Sie gern? Das ist ein wunderbarer Sport und gleichzeitig die beste Entspannung. Tanzen Sie, auf Partys, in der Disco, im Aerobic- oder Bauchtanzkurs – oder einfach ganz allein vor der Stereoanlage. Eine viertel bis halbe Stunde genügt, und Sie haben Ihren Puls genauso hoch gebracht wie beim Joggen.

Wenn wir uns körperlich bewegen, bewegen wir uns auch mental. Beispielsweise aus starren Standpunkten heraus, die uns nicht weiterbringen. Wir sehen Probleme dann auch mal von einer anderen Seite und schaffen es besser, andere zu bewegen, sich zu bewegen.

Zum Bewegungssinn gehört der Gleichgewichtssinn. Schulen Sie ihn – balancieren Sie über eine Mauer, einen Steg, schaukeln Sie mal wieder richtig fest, hoch hinauf. Denn erst ein ausgeprägter Gleichgewichtssinn sorgt dafür, dass alle

Sinne als Ganzes zusammenwirken. Und dann schaffen wir es noch besser, Beruf und Privatleben, Herausforderungen und Erfolge in die Balance zu bringen.

Hier können Sie aufschreiben, womit Sie Ihrem Körper zwischendurch etwas Gutes tun wollen.

Bewegende Momente:

● **Dem Gespür auf der Spur**

»Der siebte Sinn« hieß ein Fernsehspot, den Sie vielleicht auch noch kennen. Jahrzehntelang wurden Autofahrer darin aufgefordert, ein besonderes Gespür für Gefahrensituationen zu entwickeln. Unser Gespür zählt nicht zu den klassischen Sinnen, gehört für mich aber unbedingt dazu. Er dient dazu, uns selbst zu spüren, zu spüren, was mit anderen Menschen los ist und was um uns herum passiert. Gespür ist für mich ein Sinn, der aus den anderen Sinnen gespeist wird und der seine Weisheit oben draufsetzt. Gespür ist also nicht nur die Fähigkeit, Sinneseindrücke blitzschnell zu ordnen und zu bewerten, Gespür hat noch einen eigenen Antrieb, den man nur schwer erklären kann.

Sie kennen vielleicht selbst solche Situationen, in denen Sie Gespür entwickelt haben. Ein Beispiel: Während ich arbeite, fällt mir plötzlich ein, dass eine Kollegin vielleicht Unterlagen brauchen könnte, die ich auf dem Schreibtisch liegen habe. Ich nehme die Papiere, stehe auf, und in dieser Sekunde tritt die Kollegin durch die Tür. »Woher wusstest du ...?«

Wir spüren, wenn jemand herumdruckst und uns etwas Wichtiges mitteilen will. Wir haben eine Antenne dafür, dass jemand gerade jetzt über eine Tasse Tee heilfroh wäre. Wir spüren, dass wir in eine heikle Situation hineinplatzen, und ziehen uns schnell zurück. Wir haben zum Beispiel eine Eingebung für richtiges Timing. Irgendwie spüren wir, dass wir heute lieber nicht in die Mittagspause gehen sollten. Und tatsächlich kommt in der Zeit ein extrem wichtiger Anruf. Oder wir schlagen ein Jobangebot aus, obwohl es wirklich verlockend klingt. Drei Monate später ist diese Firma pleite. Woher haben wir das gewusst?

Dieses Gespür ist nicht bei allen Menschen gleich gut ausgeprägt. Ich habe unter Männern und Frauen Spürmuffel getroffen, die überhaupt nichts »gecheckt« haben. Weder haben sie die Gefühle anderer aufgenommen noch haben sie gespürt, wenn sie sich selbst auf gefährliches Terrain begaben. Und sind beispielsweise daran im Beruf gescheitert.

Britische Wissenschaftler führen das auf die Überbeanspruchung der linken Gehirnhälfte zurück, in der Objektivität, Logik und Kritik angesiedelt sind. Die rechte Gehirnhälfte, die für Kreativität, Ideen, Inspiration, Spiel und Intuition zuständig ist, werde dagegen sträflich vernachlässigt.

Menschen, die keine gute Antenne haben, merken beispielsweise nicht, wann sie stören oder jemanden verletzen, tappen in jeden Fettnapf und treten die größten Chancen mit Füßen. Solche Menschen tun besondere Momente, bei denen vielleicht sogar etwas Telepathie mit im Spiel ist, gern als Zufall ab.

Dabei spüren alle, die diesen Sinn entwickelt haben, dass mehr dahinter steckt. Mit Gespür sehen wir schärfer, hören wir besser, nehmen wir mehr Sinneseindrücke auf und nehmen Warnhinweise in unserem Körper wahr, etwa einen Kloß im Hals oder Magengrummeln bei einem Geschäft, die uns darauf aufmerksam machen, dass etwas nicht stimmt.

Gute Antennen bewahren Sie vor Fettnäpfchen.

Gespür ist ein wichtiger Helfer, um zu erkennen:

- wo uns Chancen winken,
- wo Widerstände lauern,
- wo Fallen drohen,
- wann der richtige Zeitpunkt gekommen ist,
- wem wir trauen können,
- worauf wir achten sollten,
- woher Ungemach droht,
- wie wir den großen Coup landen können.

Dies alles können wir allerdings nur, wenn wir spüren, was mit uns selbst los ist. Wie es uns in einer Situation geht, wie wir selbst empfinden, was uns stört, was uns freut. Gespür hat also auch viel mit Selbstwahrnehmung zu tun. Mit einer großen Offenheit Gefühlen gegenüber.

Wenn Sie dieses Gespür verfeinern wollen, sollten Sie vor allem Ihre rechte Gehirnhälfte trainieren. Machen Sie Phantasiereisen, während Sie ein paar Minuten meditieren. Dabei können Sie sich beispielsweise selbst in Ihrem neuen Job vorstellen, der Ihnen gerade angeboten wurde: Es ist sechs Monate später, Sie sitzen in Ihrem neuen Büro, wie fühlen Sie sich? Aufgeregt und fröhlich oder angespannt und unglücklich?

Eine andere Übung: Beobachten Sie eine Zeit lang die Menschen um sich herum, nur empfindend, nicht analysierend. Und träumen Sie sich in sie hinein, als säßen Sie in einem Film. Was wird er gleich tun, wie wird sie reagieren? Wenn Sie die Reaktion vorausahnen, haben Sie einen großen Schritt zur Intuition gemacht.

Menschen, die als »charmant« empfunden werden, haben übrigens ein besonders feines Gespür und überraschen ihre Mitmenschen mit besonderer Aufmerksamkeit. Sprich: Sie erkennen den Wunsch eines Mitmenschen eher als dieser selbst. Und: Sie sind so feinfühlig, dass sie niemals jemanden mit spitzen Bemerkungen verletzen würden. Die rechte Gehirnhälfte lässt grüßen.

Hier können Sie aufschreiben, womit Sie Ihrem Gespür auf die Sprünge helfen wollen.

Dem Gespür auf der Spur:

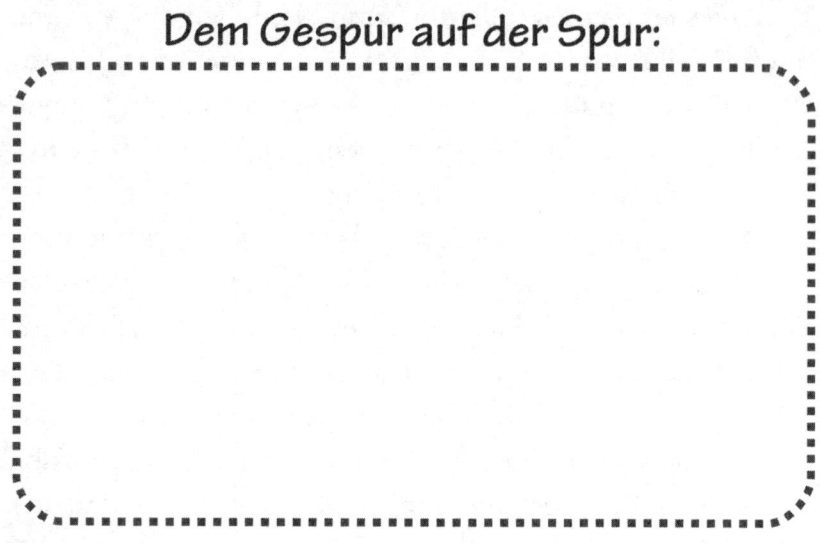

Mit allen Sinnen zum Erfolg

So helfen Ihnen Ihre sieben Sinne, noch erfolgreicher zu werden:

- Sie sehen Ihre Umgebung deutlicher, können Schlüsse aus den Eindrücken ziehen und angemessen reagieren. Während andere noch nach Fakten, Fakten, Fakten suchen.

- Sie hören, was hinter den Worten steckt, sind offener für Botschaften und Chancen, aber auch sensibilisiert für Gefahren und Fallen. Kundenzufriedenheit ist Ihr Wort!

- Sie lassen sich nicht täuschen, »riechen« förmlich, wenn etwas »stinkt«. Und lassen sich von niemandem benützen.

- Sie genießen den Geschmack des Erfolgs. Er motiviert Sie und steigert Ihre Lebensfreude. Sie fühlen es: Erfolg ist sexy!
- Sie stellen Ihre Entscheidungen und Handlungen auf eine breitere Basis, bleiben selbst in Bewegung und können andere bewegen. Mitarbeiterführung und Teamgeist sind Ihr Metier.
- Sie bleiben im Kontakt mit sich selbst, spüren sich und können Ihren Wahrnehmungen vertrauen. Sie profitieren von Intuition oder »Bauchgefühl«.
- Sie haben mit einer wachen Sinnlichkeit die idealen Voraussetzungen für das »Beziehungsmanagement«, das im Beruf immer wichtiger wird. Sie schaffen Sympathiebrücken zu Vorgesetzten, Mitarbeitern, Kunden und Geschäftspartnern.

»Ich bin erst mit 30 die geworden, die ich bin.«

Ein Porträt von Adelheid Bednarz

❏ *Adelheid Bednarz, 45, ist Psychotherapeutin mit eigener Praxis in Essen.*

Wenn ich ne tolle Beratung hingelegt habe, dann schmeiße ich hinterher locker die Praxistür zu, dann geht es mir einfach gut.« Adelheid Bednarz lacht. Die Gesprächstherapeutin arbeitet mit Kindern und Jugendlichen und deren Familien, beispielsweise bei Schulproblemen. Grundlage für ihre Arbeit ist: Ein positives Menschenbild. »Ich glaube, dass der Mensch grundständig positiv und konstruktiv ist. Er hat die Bereitschaft zu wachsen und sich zu entwickeln. Wenn er in einer Beziehung die Möglichkeit dazu hat. Das heißt, er braucht jemanden, der ihm Empathie und Wertschätzung entgegenbringt, dann kann er sich entdecken, er selbst werden.«

Eine unglaubliche Kraft geht von dieser Frau aus, wenn sie von ihrer Arbeit erzählt, und ihr interessantes Gesicht lässt einen nicht los: die dunkelbraunen strahlenden Augen, der kräftige rote Mund, das fast mediterrane Gesicht, umrahmt von glänzenden schwarzen Haaren, zum Pagenkopf geschnitten.

Die Essenerin ist Therapeutin durch und durch. Als 14-Jährige lernte sie in der Jugendgruppe ihrer Kirchengemeinde eine junge Betreuerin kennen, die als Ergotherapeutin arbeitete. »Sie war mein großes Vorbild. Ich beschloss, Kindern zu helfen, obwohl ich damals selbst Hilfe gebraucht hätte, oder vielleicht deswegen.«

Adelheid Bednarz ist im klassischen Arbeitermillieu des Ruhrgebiets aufgewachsen, der Vater war Arbeiter in einer Chemiefabrik, aktiver Gewerkschaftler und SPDler. Die Mutter, die als Verkäuferin arbeitete, starb früh. Adelheid musste für den Vater und zwei Brüder den Haushalt führen, neben der Schule. »So wie meine Mutter wollte ich nie werden. Ich habe mir andere Frauen als Orientierung gesucht. Simone de Beauvoir stand da an erster Stelle. Ihre Bücher habe ich regelrecht gefressen, *Die Mandarins von Paris* beispielsweise.«

Auf den Spuren der Beauvoir fuhr sie zweimal nach Paris, »rauchte Gauloise, fühlte mich mondän und frei«. Daneben dienten ihr vor allem zwei Männer, damals Anfang der siebziger Jahre, zur Orientierung: Willy Brandt, damals Bundeskanzler, sein Aufruf »Demokratie wagen« hat sie fasziniert. Auf der anderen Seite Heinrich Böll: »Er war so echt und klar. Ich habe beide sehr bewundert.«

Noch heute schwärmt sie auch von Lehrern, die sie zum politischen Engagement ermutigt haben, »die haben zugehört und uns ernst genommen. Die gingen einfach toll mit uns Jugendlichen um.«

Nach dem Abitur machte Adelheid Bednarz wie geplant an einer Fachschule die dreijährige Ausbildung zur Ergotherapeutin. Nach der Schule jobbte sie in Krankenhäusern und in Psychiatrischen Kliniken. »Mich hat die tiefere psychologische Auseinandersetzung mit Menschen gereizt. Ich wollte immer schon wissen: Wie geht die Gesellschaft mit Anderssein, mit Auffälligen um?«

Nach der Ausbildung arbeitet sie in einer psychiatrischen Klinik, hilft Menschen nach schweren Krankheiten oder Unfällen, sich wieder zurechtzufinden.

Nach zwei Jahren wechselte sie in eine Sonderschule und arbeitete dort mit verhaltensauffälligen Kindern und Jugendlichen. »Mir wurde bald klar, ich weiß noch nicht genug, ich brauchte mehr Handwerkszeug, um die Jugendlichen zu verstehen. Ich wollte herausfinden: Warum sind Kinder und ihre Familien so, wie sie sind? In der Ergotherapie fehlte mir die ganzheitliche Sichtweise, die Erklärungen zum Beispiel für Wahrnehmungsstörungen waren mir zu oberflächlich. Dazu kam, dass Psychologen sehr schnelle einfache Erklärungsmodelle zur Hand haben. Ich kam als Ergotherapeutin nicht dagegen an. Ich hatte irgendwann so viel Frust, weil ich wusste, die Institution setzt mir immer Grenzen.«

Also kündigte sie nach zwei Jahren, machte sich als Ergotherapeutin selbständig. »Nur in eigener Praxis konnte ich therapeutisch-inhaltlich so arbeiten, wie ich es für richtig hielt.« Sie verschuldete sich für die nächsten zehn Jahre – »gerade habe ich die letzte Rate abbezahlt« – und begann parallel eine Ausbildung als Psychotherapeutin: »Ganz oder gar nicht. Halbe Sachen gibt es bei Adelheid nicht.«

Vier Jahre lang dauerte die Ausbildung zur Gesprächstherapeutin nach Rogers beim *Institut für personenzentrierte Bildung* in Moers. »Diese Zeit war heftig, ich habe die Praxis aufgebaut, gearbeitet wie verrückt, war auch noch politisch aktiv und dann die regelmäßigen Ausbildungsblöcke.«

Doch es war das Beste, was ihr passieren konnte, sagt sie heute. Ihr Leben änderte sich grundlegend – privat wie beruflich: »Es gibt ein Leben vor 30 und eins nach 30. Diese Ausbildung war die Wende in meinem Leben. Ich habe in diesen vier Jahren die Last meiner Kindheit abgeworfen und tierisch viel über mich gelernt. Ich bin die geworden, die ich bin.«

Sie musste im Rahmen der Ausbildung selbst eine Therapie machen, um die Methoden und ihre Auswirkungen am eigenen Leib zu erleben. »Ich hatte eine hervorragende Ausbilderin. Bei ihr habe ich enorm viel über mich selbst gelernt, habe an mir selbst begriffen, wie Veränderungen möglich sind.«

Und dies setzt sie erfolgreich in ihrer Praxis um. Selbstbewusst erzählt sie: »Ich bin klasse mit Klienten. Ich kann Probleme gut auf den Punkt bringen. Wofür andere ein halbes Jahr brauchen, das schaffe ich in zwei Stunden. Ich kann Leute gut coachen, dabei kann ich mich zu hundert Prozent auf meine Intuition verlassen, habe noch nie falsch gelegen. Wichtig als Therapeutin ist dabei, nicht zu schnell zu werten, nicht den anderen zu überzeugen, werde doch so wie ich. Und das ist schwer, erst mal die Gegenseite zu verstehen.«

Zehn Jahre arbeitet sie jetzt mit Kindern und Jugendlichen und spürt, dass etwas Neues auf sie wartet. »Man kann diese Arbeit nur eine begrenzte Zeit tun, sie bedarf eines enormen Energieaufwands. Außerdem denke ich, meine eigene Kindheitsaufarbeitung ist beendet. Jetzt habe ich Lust weiterzugucken. Was genau, weiß ich noch nicht, aber die Richtung zeichnet sich ab.«

Und die geht zur Kommunikation, zwischen Menschen verschiedenen Geschlechts oder verschiedener Herkunft. »Ich sehe, da läuft so viel schief. Zwischen Männern und Frauen, aber auch zwischen Völkern. Der Krieg im Kosovo ist ein Beispiel dafür. Ich denke darüber nach, wie ich meine Philosophie verbreiten kann, meine Philosophie, dass wir lernen müssen, einander zu verstehen.«

Grundlagen ihrer Philosophie sind einige Grundsätze des Miteinandersprechens: Ich kann andere nur verstehen, wenn ich mich selbst verstehe, wenn ich erkenne, was meine echten Motive sind. Ich darf den anderen nicht beurteilen oder abqualifizieren. »Im Kosovokonflikt wurde klar, der Westen war in seiner Überheblichkeit nicht in der Lage, die Serben zu verstehen. Auch deshalb sind die Verhandlungen von Rambouillet schief gelaufen.« Ich kann Täter nur verstehen, wenn ich den Täter in mir selbst sehe. »Wenn ich überhaupt kein Verständnis entwickele, muss ich zumindest erkennen, woher mein Widerstand kommt.« Ich muss an mir etwas ändern, wenn ich verstehen will. Das gilt auch für das Verhältnis von Männern und Frauen. Verstehen heißt nicht nur, die Worte des andern hören, sondern zu sehen: Was hat das mit meiner eigenen Person zu tun.

Mit Überzeugung und Emphase trägt Adelheid Bednarz diese Punkte vor, ihr Gesicht glüht. Sie hat eine Vision davon, diese Philosophie mehr Leuten näher zu bringen: »Ich bin überzeugt davon, dass dies Menschen helfen und diese Welt friedlicher machen würde.«

Verstehen heißt vor allem, zu sehen, was das mit meiner Person zu tun hat.

Ihr Traum ist es, ein Buch darüber zu schreiben. »Doch das kann ich nicht mal so nebenbei. Dafür brauche ich Zeit.« Und die hat sie im Augenblick nicht, weil das Thema Sinnlichkeit sie im Moment stark beschäftigt. »Ich bin 42, lebe derzeit allein, habe keine eigenen Kinder. Manchmal bin ich ein bisschen traurig darüber. Lange wollte ich keine Kinder wegen meiner eigenen Jugend. Als ich bereit gewesen wäre, hat der Mann dazu gefehlt. Aber ich weiß, ein Leben ist auch ohne Kinder interessant. Ich bin jetzt gerade in einer neuen Orientierungsphase.«

Vor allem, seit sie das Tanzen für sich entdeckt hat. Den Traum von der Tanzschule hatte sie sich mit 35 erfüllt, »als ich Kind war, gab es kein Geld dafür«. Sie tanzte Standard und lateinamerikanische Tänze, fand in ihrem Tanzpartner auch den Lebenspartner. Doch als die private Beziehung zerbrach, zerbrach auch das erfolgreiche Tanzpaar.

»Ich habe mir überlegt, was ich auch allein machen kann. Ich habe in den Gelben Seiten geblättert, bin auf das Tanzhaus Essen gestoßen, da gab es Ballett und African Dance und – Flamenco. Das war's! Flamenco fand ich immer schon toll, hatte den Film von Carlos Saura geliebt. Die Kraft und Lebendigkeit des Tanzes.«

Sie beschloss, Flamenco auszuprobieren, und von der ersten Stunde an gefiel es ihr. Flamenco kommt wie alle ethnischen Tänze aus dem Volk, spricht den ganzen Menschen an, seine Gefühle wie Liebe, Eifersucht, Wut, Einsamkeit, Trauer, Traurigkeit. Diese Gefühle im Tanz auszuleben reizt sie.

Und sie bewundert ihren Flamencotrainer, bei dem sie jetzt seit zwei Jahren zweimal die Woche trainiert. »Carlos Troya lebt den Flamenco mit seiner Seele. Er ist gerade mal 27, hat aber im Grunde die gleiche Philosophie wie ich. Er sagt, du musst ganz tanzen, du musst ganz sein, es reicht nicht, wenn du mit den Füßen technisch perfekt herumklackerst. Wenn es nicht aus dem Herzen kommt, ist es nicht stimmig.«

Und er sagt: Wenn der Mensch tanzt, ist er eins mit sich. Adelheid Bednarz spricht vom Tanzen mit der gleichen Leidenschaft wie von ihrer Arbeit, kann sich unglaublich begeistern: »Beim Tanzen wurde die Sehnsucht in mir geweckt, aus dem Kopf ins Gefühl zu kommen. Das kostet auch viel Kraft, du bist immer mit dir selbst konfrontiert, aber es ist ein Wahnsinnserlebnis.« Schon zweimal hat sie ihren Urlaub in Malaga verbracht, hat dort bei Spaniern gewohnt, mit Spaniern getanzt: »Ich bin dann wirklich ich. Wenn ich die Lebendigkeit in mir spüre, das kribbelt. Dann fühle ich mich genauso wie in einer guten Therapiesitzung, fühle diesen positiven Strom. Empfinde diese innere Kraft, habe Schmetterlinge im Bauch. Das ist wie Verliebtsein in mich selbst.«

Die sieben Schlüssel zur Gelassenheit

Auf zur Schatzsuche

Kennen Sie Adventurespiele? Das sind Spiele, bei denen man abenteuerliche Aufgaben erfüllen muss, um ans Ziel zu kommen – beispielsweise einer Schatzkammer auf die Spur zu kommen, in der man die Lösung des Spiels findet. In manchen Spielen muss man auf seiner Reise durch Urwälder und Ruinenstädte, in ägyptischen oder mexikanischen Pyramiden Schätze einsammeln oder Schlüssel, die erst die Tür zur Schatzkammer öffnen.

Auf dem Weg zur Gelassenheit brauchen Sie ebenfalls Schätze oder Schlüssel, die Ihnen die Türen öffnen. Um genau zu sein, brauchen Sie sieben Schlüssel:

1. Achtsamkeit
2. Balance
3. Geduld
4. Vertrauen

5. Klugheit
6. Großzügigkeit
7. Humor

Vielleicht haben Sie sich über den Begriff Gelassenheit noch gar nicht so viele Gedanken gemacht. Oder halten diese Eigenschaft für etwas, was alte Leute haben oder Bonvivants. Für mich ist Gelassenheit eine der wichtigsten Grundlagen für sinnlichen Erfolg. Gelassenheit ist das Gefühl, dass genau das passieren wird, was passieren muss. Nachdem ich ganz bewusst, klug und engagiert meinen Teil zum Gelingen beigetragen habe.

Gelassenheit ist die Basis für ein Leben, dessen Vielfalt wir kennen, lieben und genießen. Eine gelassene Frau ist das Gegenteil von einer aufgescheuchten Henne. Eine gelassene Frau weiß, wer sie ist und was sie will. Sie kennt ihren Einsatz und bestimmt die Höhe. Sie wird nicht getrieben, sondern ist im Fluss. Aber dies alles mit einer spielerischen Leichtigkeit.

Eine gelassene Frau weiß, wer sie ist und was sie will.

Gelassenheit ist niemals kraftlos oder resignierend, keine Schlaffi- oder Mäuschen-Einstellung, von wegen »Schau'n wir mal« oder »Da kann man ja sowieso nichts machen«. Gelassenheit ist nicht mit Lässigkeit zu verwechseln. Eine gelassene Frau weiß, dass sie in einem Spiel mitspielt. Aber sie kennt dieses Spiel, kennt die Regeln und nutzt sie für ihre Zufriedenheit.

Leider kommen wir nicht als gelassener Mensch auf die Welt. Wir müssen kämpfen und streiten, uns selbst und die

130

Welt entdecken, uns abgrenzen und finden. Wie in dem Märchen der Gebrüder Grimm *Von einem der auszog, das Fürchten zu lernen.*

Und dann kommen wir mit jedem Geburtstag der Gelassenheit näher. Das haben jedenfalls Forscher der Fordham-Universität in New York festgestellt. Menschen ab 45 haben danach die größte Chance, Sorgen und Mühe hinter sich zu lassen und gelassen und zufrieden zu werden.

Gelassenheit ist also das Ergebnis des großen Adventurespiels, das Leben heißt, und nicht der Anfang. Deswegen braucht keine Frau traurig zu sein, die sich vom Zustand der Gelassenheit noch weit entfernt fühlt. Braucht nicht an den sieben Schlüsseln zu verzweifeln. Denn wir sind alle immer Suchende auf dem Weg, nähern uns einem Idealzustand immer nur an. Doch es ist gut, wenigstens die Richtung zu kennen.

Früher einmal, so mit Mitte 20, habe ich geglaubt, irgendwann werde ich nur noch glücklich sein. Dann wird alles gut sein, ich werde mich nie wieder mit jemandem streiten, mich über nichts mehr ärgern und vor gar nichts mehr Angst haben. Mein ganzes Leben würde irgendwann perfekt sein. Was für eine Närrin war ich!

Heute weiß ich: Wenn sich nichts mehr bewegte, wenn es keine Widersprüche mehr gäbe, wenn ich keinen Kummer mehr spürte, wenn ich mich von nichts mehr erschüttern ließe, also wenn das Paradies ausgebrochen wäre – dann wäre ich wahrscheinlich tot. Es ist wie mit der Herzkurve auf einem EKG: Sie steigt auf und ab und auf und ab, wenn das Leben pulsiert; die gerade, glatte Linie zeigt das Ende an.

Wir dürfen glücklich sein, auch wenn wir niemals perfekt werden.

Mit dem Erwachsenwerden, und das begann bei mir erst relativ spät, so Anfang 30, erkannte ich, dass es diesen Zustand des »Alles-ist-gut« niemals geben wird, jedenfalls solange ich ein denkender, spürender Mensch bin. Denn das Leben lässt sich nicht planen wie ein Drehbuch. Oder wie es so schön heißt: Das Ende des Regenbogens werden wir niemals sehen.

Doch ich lernte zu akzeptieren, dass das Leben, so wie es sich mir bot, an sich »gut« ist. Ich begann, das Leben zu lieben, mit einer leidenschaftlichen, tiefen Liebe. Ich begann zu akzeptieren, dass ich ein winziger Teil dieses Lebens bin, aber dass es in meiner Verantwortung liegt, wie ich mein Leben gestalte. Es liegt an mir, mit welchen Menschen ich zusammen bin, auch mit wem ich zusammenarbeite. Es liegt an mir, ob ich die richtige Arbeit tue und ob ich sie richtig tue. Ich begriff, dass ich selbst dazu beitrage, wie es mir geht – in einer unvollkommenen Welt als unvollkommener Mensch. Und ich freute mich, als ich neulich in der *Cosmopolitan* das »Mantra des Monats« las, ein Zitat der Hollywood-Schauspielerin Jennifer Lopez. Sie sagt sich jeden Tag: »Ich werde alles haben, wirklich alles. Warum auch nicht?«

Ich erlebte und ich erlebe es als ein Geschenk, durch Erfahrungen klüger zu werden und immer mal ein bisschen mehr hinter die kleinen Geheimnisse des Glücklichseins zu kommen. Das heißt ganz praktisch, zu erkennen, was ich unbedingt zu meinem Glück brauche – welche Umgebung, welche Menschen, welche Aufgaben. Zu erkennen, was ich dafür ganz bestimmt nicht brauche, worauf ich fröhlich verzichten kann, und auch das herauszufinden, was mir wirklich schadet.

Gelassenheit ist keineswegs ein Zustand, der sich für immer und gleichmäßig einstellt, ist keine Schmierseife, auf der wir ohne anzustoßen durchs Leben glitschen. Gelassenheit ist das Ergebnis eines ganz bewussten Umgangs mit uns selbst und mit dem, was man Leben nennt. Gelassenheit heißt die eigenen Entscheidungen zu fällen, unabhängig von den »guten Ratschlägen« anderer. Und dann auch die Verantwortung für die Folgen zu übernehmen.

Gelassenheit ist lernbar.

Dabei wechseln sich Situationen, in denen wir uns total gelassen fühlen, immer wieder mit Augenblicken ab, in denen unsere Gelassenheit ganz einfach zum Teufel ist. In denen wir toben und hadern, wider die Vernunft handeln und uns zum Narren machen. Und das ist okay. Denn wir sind Menschen.

Starten Sie in den Adventure-Parcours!

Wenn Sie Lust haben, beruflich und im Privatleben gelassener zu werden, um Ihre Ziele einfacher zu erreichen, wenn Sie ganz allgemein Ihr Lebensgefühl verbessern möchten, dann können Sie an den sieben einzelnen Schlüsseln erkennen, wie weit Sie schon sind, wonach Sie sich sehnen und welchen Schatz Sie sich vielleicht noch dazuerobern können. Ich wünsche eine fröhliche Schatzsuche.

Die sieben Schlüssel zur Gelassenheit:
- Achtsamkeit
- Balance
- Geduld
- Vertrauen
- Klugheit
- Großzügigkeit
- Humor

1. Schlüssel: Achtsamkeit
Wir müssen uns immer wieder in Erinnerung rufen: Ich allein bin für mein Leben verantwortlich. Natürlich werkeln eine ganze Reihe Leute mit an meiner Unzufriedenheit oder Zufriedenheit, nerven oder erfreuen mich, machen mir richtig Ärger oder stehen mir in der Not bei. Doch ich bin diejenige, die bestimmt, wie ich damit umgehe.

Lassen Sie mich dies an einem Beispiel deutlich machen.

134

Ich kann mich von einem Kollegen, der mich ständig piesakt, immer wieder provozieren lassen, indem ich

- explodiere und ihn anschreie,
- oder mich einigle und vielleicht sogar in Tränen ausbreche,
- oder mich räche und beim Chef petze.

Je nach Temperament. Doch ich gebe damit dem anderen die Macht über mein Wohlbefinden. Ich achte mehr auf ihn als auf mich.

Ich kann aber ab sofort auch beschließen, dass ich meine Achtsamkeit vor allem auf mein eigenes Wohlbefinden richte, dass ich seine Giftpfeile durch mich hindurchfliegen lasse. Sie treffen mich nicht mehr. Merken Sie, ich verändere einfach den Fokus auf diese Situation. Nach dem Motto: Hallo, Partner, ich steige aus dem Ärger-Spiel aus! Was wird passieren? Ich lasse den anderen mit seinem Problem, das ihn ganz offensichtlich umtreibt, allein.

Klingt gut, aber wie schaffe ich das? Indem ich beim nächsten Mal ganz anders reagiere, als es der andere gewohnt ist und natürlich von mir erwartet. Indem ich überlege, welche Strategie mir dabei am besten gefallen würde:

- einfach lächelnd das Zimmer verlassen,
- ihn anstrahlen,
- ihn freundlich bitten, mit zum Chef zu kommen, um den Konflikt zu besprechen,
- ihm lächelnd einen Kaffee bringen,
- meine Fingernägel lackieren,
- einen Kaugummi in den Mund stecken,
- ihn freundlich zu einer Aussprache bitten.

Solche Möglichkeiten lediglich in Erwägung zu ziehen befreit mich schon aus der Rolle, in die ich mich habe pressen lassen. Ich gewinne meine Souveränität zurück. Natürlich weiß ich noch nicht, ob ich dabei wirklich so ungeheuer souverän wirken werde, wie ich es mir wünsche. Doch das ist ganz egal.

Ich bestimme, wie ich reagiere. Wichtig ist, dass ich überhaupt »aus der Rolle falle«. Es kommt darauf an, dass ich den Spielablauf durcheinander bringe. Ich verlasse damit aktiv meine Opferrolle: Ich bestimme, wie ich reagiere, nicht er!

Wenn Sie das einmal ausprobieren, egal wie gut Ihnen der Rollenwechsel gelingt, ist eines sicher: Ihr Kontrahent wird nie mehr wissen, was ihm blüht, wenn er Sie das nächste Mal schikanieren möchte. Er macht sich dann den Kopf, und Sie bekommen ihn frei.

Es wird Ihnen Spaß machen, diesen Menschen in seiner Verwirrung zu beobachten. Und Ihr offensichtliches Vergnügen wird ihn weiter verunsichern. Bis Sie bereit zur Versöhnung sind. Sie können dann die Hand ausstrecken, mit ihm reden und Frieden schließen, aber auf einer neuen, selbstbewussten Ebene, zu Ihren Bedingungen. Wenn dies überhaupt nicht möglich ist, etwa weil der andere ausgerechnet Ihr Chef ist, können Sie für sich entscheiden, ob Sie an diesem Arbeitsplatz bleiben oder sich etwas anderes suchen wollen. Aber dann gehen Sie mit erhobenem Haupte vom Platz, nicht als Geschlagene.

Achtsamkeit heißt also, behutsam mit mir, meiner Seele, meinem Geist und meinem Körper umzugehen, mich nicht zu überfordern und mich nicht überfordern zu lassen. Mich nicht zu verletzen und mich nicht verletzen zu lassen. Mich von schlechten Gewohnheiten zu trennen und für mich zu sorgen. Mir Gutes zu tun und mir Gutes tun zu lassen.

Achtsamkeit heißt, behutsam mit mir, meiner Seele, meinem Geist und meinem Körper umzugehen.

Denn ich bin der wichtigste Mensch auf der Welt für mich. Das hat nichts mit Arroganz oder Rücksichtslosigkeit zu tun. Es ist die Demut vor der Schöpfung. Wozu bin ich auf der Welt? Um zu leben. Und dann macht es doch Sinn, das Beste aus der Zeitspanne zu machen, in der ich auf dieser Welt weilen darf.

Denn: Für die Welt ist mein Leben nur ein Wimpernschlag, das sollte ich wissen. Das hilft mir manchmal auch, meiner eigenen Wichtigkeit das rechte Maß zu geben, nicht alles so verdammt ernst zu nehmen. Und das trägt wesentlich zur Gelassenheit bei.

Wir Menschen sind Sternenstaub, habe ich vor kurzem gelesen, aus kosmischen Weiten auf diesen Planeten geweht. Ich finde diesen Gedanken bezaubernd. Wir sind mit diesem Kosmos aufs tiefste verbunden, aus ihm entstanden und werden zu ihm zurückkehren. Seit ich dies ebenfalls so empfinde, sind Fragen nach dem »Sinn des Lebens« für mich ziemlich bedeutungslos. Ich lebe, also bin ich. Und ich möchte diese Lebensspanne, die mir zur Verfügung steht, so glücklich wie möglich verbringen. Und glücklich, ich meine wirklich glücklich, kann ich nur sein, wenn ich nicht verbrannte Erde hinterlasse.

Achtsamkeit heißt deshalb auch, behutsam mit anderen Menschen zu sein. Sie zu achten, ihnen zuzuhören und zu versuchen, sie zu verstehen. Mir selbst, das gebe ich zu, fällt diese Achtsamkeit nicht immer leicht. In Seminaren und Coachings ist diese Achtsamkeit selbstverständlich, doch im Kreis von Freunden und Kolleginnen, in geselliger Runde, vergesse ich manchmal dieses Prinzip. Da ich gern spontane Urteile über manche Sachen fälle und sie auch mit Wortwitz zum Ausdruck bringe oder, anders gesagt, da ich einen ziemlich derben Humor besitze, beleidige ich manchmal Menschen, ohne es zu wollen. Ich ernte zwar einen Lacher in der Runde, hinterher tut mir die Wirkung aber Leid. Deshalb steht dieser Punkt Achtsamkeit ganz oben auf meiner Hausaufgabenliste.

Achtsamkeit bedeutet auch, so behutsam wie möglich mit der Natur umzugehen. Denn ich bin als Mensch ein Teil von ihr und nicht ihr Beherrscher. Auch da sind viele noch in der Rolle der Suchenden, haben ihren Weg noch nicht gefunden. Zu verwirrend ist das Nachdenken über den Umgang mit Tieren, Pflanzen und Landschaft. Doch schon das Nachdenken darüber ist ein Schritt weg von der Allmacht zum Verständnis.

Mit Achtsamkeit besitzen Sie den ersten Schlüssel zur Gelassenheit. Stecken Sie ihn ein und wandern Sie weiter durch die Abenteuerwelt. Die nächste Station heißt: Balance.

2. Schlüssel: Balance

Erinnern Sie sich noch, wie Sie als Kind über Mäuerchen, auf Holzstämmen und Steinen balanciert sind? Wie Sie mit weit ausgestreckten Armen das Gleichgewicht gehalten haben? An das leichte Flattern im Magen, das Kribbeln im Hals? An die Konzentration, der es bedurfte, und daran, wie Sie Ihre Zunge zusätzlich als »Ruder« benutzt haben? Wie stolz waren Sie, wenn Sie die Strecke geschafft hatten, ohne ein einziges Mal hinunterzuhüpfen!

Das Leben ist vergleichbar mit solch einem Parcours. Wir schaffen auch hier den Balanceakt, wenn wir einigermaßen das Gleichgewicht halten können:

- zwischen Anspannung und Entspannung,
- zwischen Stress und Erfolg,
- zwischen Ernst und Spiel,
- zwischen Anforderungen und Fähigkeiten,
- zwischen Wünschen und Handeln,
- zwischen unseren eigenen Interessen und den Interessen anderer.

Balance heißt dabei nicht, die Waage bewegungslos in der Mitte zu halten. Das kann passieren, wenn wir unterfordert sind, also nicht das machen, was wir uns wünschen und was wir könnten. Routine ist zwar auf der einen Seite sehr hilfreich, aber wenn der größte Teil unserer Arbeit zur Routine wird, kann uns das in eine langweilige Balance bringen. Denn eintönige Arbeit lähmt uns, beschert einen Mangel an Anregungen und Herausforderungen. Die Gefahr besteht, dass wir auch in anderen Bereichen lasch werden, dass unser Leben »so vor sich hin läuft«. Wir brauchen dann einen tüchtigen Schub, einen großen Klacks Energie in die eine Waagschale, damit sich wieder was bewegt.

Doch regelrecht ins Schleudern geraten wir, wenn wir uns heillos überfordern. Ich erinnere mich an die Zeit, als meine beiden Kinder noch sehr klein waren. Ich war voll berufstätig und auch noch ehrenamtlich in Vereinen und in einer Partei engagiert. Bis ich eines Abends völlig aus der Fassung geriet. Ich war nach dem Büro kurz nach Hause gerast, hatte Abendbrot gegessen und ein bisschen mit den Kindern gespielt. Hatte mich dann verabschiedet, weil ich bei der Gewerkschaft einen Kurs geben musste, den Kindern einen Gutenachtkuss gegeben. Aber meine Tochter hing sich schreiend an mein Bein, »Mami, nicht weggehen.« Bis mein Mann sie getröstet hatte, war ich schon eine Viertelstunde zu spät. Dann vor dem Seminarraum, die Teilnehmer warteten schon, merkte ich, dass ich vergessen hatte, den Schlüssel vom Pförtner im Gewerkschaftshaus um die Ecke abzuholen. Also, die drei Treppen noch mal runter. An einer roten Ampel musste ich warten, direkt neben einem großen, hell erleuchteten Schaufenster. Ich starrte, völlig erschöpft, hinein, und plötzlich kam mir der Gedanke: Jetzt einen Pflasterstein nehmen und ihn dort hineinwerfen. Dann würden die netten Männer mit den weißen Turnschuhen kommen und mich mitnehmen. Ich würde nur noch in einem kühlen Raum in einem weiß überzogenen Bett liegen, ausruhen, keine Verantwortung mehr tragen, das wär's. Gott sei Dank sprang in diesem Moment die Ampel auf Grün und ich hastete weiter.

Aber: Noch in derselben Woche legte ich alle meine Parteiämter nieder und beendete meinen Kurs. Ich hatte endlich kapiert, dass ich nur noch einen Schritt vom Nervenzusammenbruch entfernt war.

Wie konnte es dazu kommen? Zu lange hatte ich nicht verstanden, dass ich mein früheres Leben, geprägt von Pflichtbewusstsein und Engagement, mit den beiden Kindern so nicht fortsetzen konnte. Dass meine Kraft als »Super-Mom« begrenzt war.

Erst als ich völlig aus der Balance geriet, wurde mir klar, dass ich Prioritäten setzen musste. Und dabei kam an erster Stelle, gar keine Frage, meine Familie. Meine Stelle als Redakteurin aufzugeben stand ebenfalls nicht zur Disposition, aber alles andere musste ich abgeben.

Es fiel mir erstaunlich leicht. Um ehrlich zu sein, als ich den ganzen Ballast abgeworfen hatte, fühlte ich mich zum ersten Mal nach langer Zeit wieder wirklich fröhlich und frei. Dann würde ich eben nicht als erste Frau Bundeskanzlerin (das hatte ich mir mit 16 vorgenommen)! Und die Kinder würden schließlich auch größer. Ich konnte also getrost abwarten, was mein Leben alles noch für mich bereithielt.

Auch im Beruf gelang es mir dann sogar, noch mehr Balance zu schaffen: Bei einem meiner nächsten Jobs handelte ich eine Viertagewoche heraus. Welch ein Geschenk war dieser freie Tag! Und als die Kinder größer waren, gab mir dieser freie Tag den nötigen »Spielraum«, um die ersten Schritte in Richtung meiner neuen beruflichen Zukunft zu gehen, ich gab meine ersten Seminare, schrieb Bücher. Übrigens: Mein allererstes Buch hieß *Balancing – Beruf und Privatleben im Gleichgewicht*. Sie wissen jetzt, warum.

Wie merken Sie, ob Sie in der Balance sind?

Unser »grundlegendes« Lebensproblem nennt der amerikanische Psychoanalytiker Jay B. Rohrlich die Suche nach

Von der Kunst, in der Balance zu sein. dem Gleichgewicht zwischen Arbeit, Familie und Privatleben: »Die Herausforderung geht uns alle an, und jeder von uns muss seine eigene persönliche Strategie entwickeln, um mit ihr fertig zu werden, denn ohne befriedigende Arbeit und lustvolle Liebe wird das Leben eine Art Tod.« (Zitiert nach Sabine Asgodom, *Balancing*, siehe Literaturverzeichnis.) Woran können Sie erkennen, ob Sie alles in eine Waagschale werfen oder relativ ausbalanciert leben?

Horchen Sie zuallererst mal in sich hinein: Geht es Ihnen gut, oder machen sich Zipperlein bemerkbar? Kopfschmerzen oder Sodbrennen nach stressigen Tagen – da helfen Tabletten auf Dauer nichts. Total verspannte Schulter- und Rückenmuskeln nach einem Arbeitstag – das liegt nicht immer nur am Sitzen. Knirschen Sie nachts mit den Zähnen? Vergessen Sie in letzter Zeit vieles, was Sie eigentlich erledigen wollten? Ich kenne solche Über-Stress-Zeiten aus dem letzten Jahr, als ich noch meinen festen Job hatte und nebenher schon regelmäßig Seminare und Coachings hielt. Es war alles ein bisschen viel, und ich hatte manchmal regelrechte Aussetzer. Einige Male notierte ich Verabredungen nur unter Angabe der Uhrzeit und des Ortes, aber ohne Namen in meinem Terminkalender. Wenn ich Glück hatte, riefen meine Gesprächspartner vorher noch mal an. »Ach, ja richtig«, stotterte ich dann, »treffen wir uns nicht nächste Woche? Wann war das noch mal genau?«

Aber einmal musste ich sogar zu einem Blind Date, ich hatte keine Ahnung, wer in diesem Restaurant auf mich warten würde. Gott sei Dank erkannte ich meine Verabredung, es war eine freie Autorin. Mit Mühe konnte ich meine Erleichterung verbergen.

An besonders furiosen Tagen konnte es schon mal passieren, dass ich mir während eines Telefonats eine Notiz machen wollte, nach einem Zettel griff und darauf das Wort »Zettel« schrieb. Mamamia! Eine liebe Kollegin erinnerte mich dann einmal daran: »Du, da gibt es ein tolles Buch, das heißt *Balancing*.« – »Ist leider vergriffen«, brummelte ich zurück und nahm mir doch mal wieder vor, mein eigenes Buch zu lesen.

Die »Hektikfalle« nennt der Stress-Experte Hans Eberspächer diesen ganz normalen Wahnsinn. Und er tröstet Manager bei seinen Vorträgen: »Nach dem ersten Herzinfarkt werden Sie genug Zeit haben, in dem netten Kurhotel, mit der netten Spieltherapeutin. Dort werden Sie dann wieder lernen zu spielen wie zu Zeiten, als Sie noch ein glückliches Kind waren.«

Also, lassen wir es lieber nicht so weit kommen. Nehmen wir solche Patzer, solche körperlichen Stresssymptome als kleine Warnung, als Anzeichen dafür, dass wir etwas für unsere innere Balance tun müssen. Wenn unser Körper sich verweigert, die Festplatte im Kopf auf »voll« schaltet, heißt es handeln. Aber: Das Falscheste, was wir tun können, ist es, die Anstrengungen daraufhin noch zu verstärken, also noch länger zu arbeiten oder gar Arbeit am Wochenende mit nach Hause zu nehmen, um fertig zu werden. Das führt in einen Strudel von Überforderung, am Ende kann sogar ein Burnout-Syndrom stehen, also das Ausgebranntsein, das bei immer mehr Menschen festgestellt wird, die sich regelrecht in ihre Arbeit verbeißen.

Zum langfristigen Erfolg gehören Gelassenheit und als ein Teil davon Balance. Wenn Sie vor lauter Arbeit nicht mehr weiterwissen, hilft nur, einen Schritt zurückzutreten, Abstand zu gewinnen, dem Kopf »frei« zu geben: Das gilt für alle Gelegenheiten zwischendurch: An einer kniffeligen Stelle Ihrer Arbeit, nach einem anstrengenden Gespräch oder vor einer Verhandlung können Sie eine kurze »Auszeit« nehmen. Stellen Sie sich ans Fenster und richten Sie den Blick auf das, was draußen passiert. Holen Sie sich einen Tee, bringen Sie den Inhalt Ihres Postkorbs weg. »Schleusen« nennt Stressexperte Hans Eberspächer solche Momente.

Als »Auszeiten« sollten Sie aber auch Ihre Freizeit sehen. Um die Balance zu halten, brauchen Sie Regenerierungsphasen. Selbst wenn Sie noch so viel zu tun haben, statt sich Arbeit mit ins Wochenende zu nehmen, schmeißen Sie die Papiere in die Ecke und gehen Sie lieber mit Freunden wandern. Laden Sie sich zum fröhlichen Kaffeeklatsch Freundinnen ein. Verbringen Sie einen herrlich faulen Sonntag im Bett mit Ihrem Liebsten.

Um die Balance zu halten, brauchen Sie Regenerierungsphasen.

Das ist die beste Arbeit, die Sie für Ihr Unternehmen leisten können. Denn nur wenn Sie diese Distanz hinbekommen, wird Ihr Blick wieder klar fürs Wesentliche. Und Sie schaffen Ihre Arbeit anschließend in viel kürzerer Zeit.

Denken Sie daran: Kreativität braucht Bewegung! Während Sie durch eine fremde Stadt bummeln, kommt Ihnen vielleicht plötzlich die Idee für das Konzept, an dem Sie arbeiten. Während Sie Ihre Balkonblumen pflanzen, fällt Ihnen plötzlich ein, wie Sie das Problem lösen können, mit dem Sie sich seit Tagen rumschlagen. Wenn Sie abends mit Ihrem Kind schmusen, werden Sie weich und empfänglich für Gefühle und gehen am nächsten Morgen sehr viel entspannter mit einem schwierigen Mitarbeiter um. Das Geheimnis liegt im Loslassen.

Spiel, Tanz, Freude, Geselligkeit – wenn diese Dinge in Ihrem Leben einen Platz haben, werden Sie auch Erfolg im Beruf haben. Weil alle Ihre Sinne angeregt und geschärft sind. Weil Sie ausgeglichen und fröhlich sind. Weil Sie eine wundervolle Ausstrahlung haben. Wenn Sie mit Lust arbeiten, werden Sie das leisten, was Sie können!

Wenn Spiel, Tanz, Freude und Geselligkeit in Ihrem Leben Platz haben, werden Sie auch Erfolg im Beruf haben.

Ihre Balance-Bilanz

Mit Hilfe einer kleinen Übung können Sie sich einmal genauer anschauen, was Sie alles so leisten. Zeichnen Sie doch mal auf ein großes Blatt Papier einen Kreis, Ihr »Lebensrad«. Und versuchen Sie, alles, was Sie so an einem normalen Tag in Ihrer wachen Zeit leisten, darin einzutragen. Sie könnten den Kreis beispielsweise so einteilen:

- Beruf
- Partner
- Kinder
- Hobby
- Haushalt

- Sport
- Freunde
- Gesellschaftspolitisches Engagement
- Weiterbildung

Sie brauchen die Anteile nicht auf ein Zehntelprozent auszurechnen, aber es ist interessant, die Gewichtung zu sehen. Denn dann können Sie überlegen: Wo liegen meine Schwerpunkte? Wünsche ich mir mein Leben genau so? Wofür wünsche ich mir mehr Zeit? Was würde ich gern reduzieren? Wo bin ich überdurchschnittlich belastet? Wo muss ich mir Entlastung holen? Habe ich genügend Erfolge, und habe ich genügend Freude in meinem Leben?

Die wenigsten Menschen haben zu jeder Zeit die verschiedenen Anteile in vollkommener Balance. Aber langfristig sollte sich ein dynamisches Gleichgewicht abzeichnen. Natürlich verbringe ich mehr Zeit über meinen Büchern oder am Computer, wenn ich eine Weiterbildung mache. Die Fragen sind: Wie lange will ich dieses Ungleichgewicht aushalten? Lohnt sich der Aufwand? Was leidet darunter? Bin ich bereit, diesen Preis zu zahlen? Und dann ist es meine Entscheidung, ob ich weitermache oder etwas verändere.

Refreshing-Übung:
Loslassen können

Den Unterschied zwischen Anspannung und Entspannung können Sie sehr gut mit dieser kleinen Meditation erleben.

Setz dich bequem auf einen Stuhl oder Hocker, leg die Hände auf die Oberschenkel. Lenk die Aufmerksamkeit in deinen Körper. Spüre, wie du sitzt, worauf du sitzt. Spüre die Pomuskeln, die dich tragen.

Spann jetzt ganz fest den Po an, als wolltest du etwas dazwischen festhalten, einige Sekunden. Atme dabei ruhig weiter. Mit einem Ausatmen löse die Spannung und spüre jetzt noch einmal in diese Muskeln hinein.

Lenk deine Aufmerksamkeit jetzt zu den Schultern. Zieh sie hoch, ganz hoch, bis zu den Ohren, einige Sekunden, atme dabei langsam ein, und lass die Schultern dann beim Ausatmen fallen. Bleib in diesem Zustand, atme ruhig und spüre in die entspannten Schultern hinein.

Lenk deine Aufmerksamkeit jetzt zu deinem Gesicht, bewege die Muskeln dort, die Kiefermuskeln, kneif die Augen zu. Spüre die Bewegung. Jetzt spann auf einmal alle Gesichtsmuskeln an, beiß die

Zähne aufeinander, drücke die Zunge gegen den Gaumen, kneif die Augen zusammen, einige Sekunden lang. Dann lass alle Muskeln los, der Mund öffnet sich etwas, alles ist entspannt.

Genieß diese Entspannung, dieses Losgelöst-Sein, den Frieden für kurze Zeit. Dann streck und reck dich, komm zurück.

Diese Übung können Sie auch mit in Ihren Arbeitsalltag nehmen. Wenn Sie gerade mal wieder im Stress sind, reichen zwei, drei Minuten aus, damit Sie wieder zu sich kommen. Ihr Gang wird wieder gelassener, Ihre Bewegungen werden ruhiger, Ihre Gesichtszüge kommen wieder ins Lot, Ihr Atem fließt wieder durch Ihren Körper. All Ihre Sinne werden offen für Ihre Umgebung.

3. Schlüssel: Geduld

»Manche Arbeiten erledigen sich von selbst!« Kennen Sie diesen Satz? Und trifft er nicht tatsächlich erstaunlich oft zu? Es macht also durchaus Sinn, wenn wir manchmal Arbeiten liegen lassen, weil wir nichts Rechtes damit anfangen können, noch keine Lösung haben.

Ich musste mich vor längerer Zeit auf einen Vortrag zum Thema Sinnlichkeit vorbereiten, den ich als Höhe- und Schlusspunkt am Ende eines zweitägigen Kongresses halten sollte. In den Wochen vorher hatte ich wahnsinnig viel zu tun, und wenn ich mich zwischendurch mal kurz hinsetzte, um mir ein Konzept zu überlegen, fiel mir überhaupt nichts

Gescheites ein. Schließlich waren es nur noch wenige Tage bis zum Kongress, und ich übernachtete auf einer meiner Reisen bei meiner Cousine Evelyn, sie ist Erzieherin in einem Kindergarten.

Beim Frühstück erzählte ich ihr von dem Vortrag und dass ich noch keine Ahnung hätte, was ich zum Thema Sinne und Sinnlichkeit erzählen sollte. Sie stand wortlos auf und kam mit einem Arm voller Bücher zurück, Bücher zum Thema Körperwahrnehmung. Und sie erzählte mir, welche Übungen sie dazu mit ihren Drei- bis Fünfjährigen macht, zum Sehen, Hören, Fühlen, Riechen, Schmecken. Und plötzlich wurde mir klar: Das ist es – Sinnlichkeit kann man nicht theoretisch vermitteln, Sinnlichkeit muss man wahrnehmen! Und vor allem am Ende eines zweitägigen Kongresses, wo die Köpfe voll sind mit Massen neuer Informationen, nach einem halben Dutzend anspruchsvoller Referate und Workshops.

Gemeinsam entwickelten wir in kürzester Zeit das Konzept für einen Sinnes-Test. Zwei Tage brauchte ich dann noch, um die einzelnen Testaufgaben zusammenzustellen. Dann war die Sache rund. Der Vortrag wurde ein Riesenerfolg. Die über 100 Teilnehmerinnen waren mit Feuereifer dabei, als sie unter anderem Geräusche und Düfte erkennen, Obstsäfte schmecken und definieren und Gewichte schätzen sollten. Dazu gab es Musik, die die Sinnlichkeit ansprach, und einige Informationen, wie wir die Sinne in unserem täglichen Berufsleben nutzen können. Sinnlichkeit war für die Teilnehmerinnen greifbar geworden, sie erlebten, was ich ihnen sagen wollte. Munter und mit strahlenden Gesichtern verließen sie den Kongress.

Geduld zahlt sich aus. Ich habe in meinem Leben gelernt, dass nur das geschieht, was geschehen kann. Und dass es überhaupt keinen Sinn macht, wenn man zu viel Druck ausübt. »Don't be pushy!« Diesen Satz

Don't be pushy! habe ich mal in den USA gehört. Und er hat mir richtig gut gefallen. Pushy sein heißt drängeln, andere unter Druck setzen. Also zum Beispiel nach einem Angebot zu früh und zu heftig nachfassen. »Wollen Sie jetzt nicht endlich unseren 28fach-Super-Saug-Pust-Schmatz-Staubsauger bestellen?«

Das heißt auch, bei Bewerbungen nicht zu früh anzurufen: »Und was ist jetzt? Wollen Sie mich?« Ich riskiere einfach zu sehr ein vorschnelles ›Nein‹, wenn ich den anderen hier und jetzt gleich zu einer Antwort zwinge.

Als Journalistin habe ich täglich mit der drängelndsten Sorte Anrufer überhaupt zu tun gehabt – mit Mitarbeitern von PR-Agenturen. Alle Anrufe glichen sich: »Wir haben Ihnen letzte Woche eine Pressemitteilung geschickt. Ich wollte nachfragen, ob Sie die bekommen haben und ob Sie etwas damit anfangen konnten.« Beim ersten Anruf am Morgen war ich durchaus noch höflich, beim zwanzigsten am Abend war ich nahe am Blutrausch!

Ich weiß, dass in PR-Seminaren gelehrt wird: »Und nach einer Woche immer hübsch telefonisch nachfassen.« Was aber offensichtlich niemand dabei bedenkt, ist, dass dies dann alle tun! Stellen Sie sich vor, Sie bekommen jeden Tag zwischen 20 und 40 Pressemitteilungen auf den Tisch, dann heißt das auch zwischen 20 und 40 Nachrufer! Zu welchem Ergebnis führte das bei mir? Ich habe PR-Leute als Nervensägen hassen gelernt, was sich bestimmt nicht positiv auf meine Meinung über ihre Produkte ausgewirkt hat.

Um ehrlich zu sein, ich träumte davon, ein kleines Gerät an mein Telefon anzuschließen, das alle Anrufer mit der – von einer lasziven Frauenstimme – gestellten Frage empfängt: »Rufen Sie wegen einer PR-Mitteilung an, die Sie mir letzte Woche geschickt haben? Dann wählen Sie die Eins.« Alle Anrufer, die eine Eins drückten, würden postwendend aus der Leitung geschmissen: »Tüt, tüt, tüt ...«

Tatsächlich: Wenn uns jemand zu sehr drängelt, nervt oder quält, entwickeln wir Aggressionen gegen ihn:

- Vielleicht unterschreiben wir ja noch den Vertrag für ein lebenslanges *ZEIT*-Abo (um ihn postwendend zu stornieren, wenn der Drücker weg ist).
- Vielleicht sagt die viel beschäftigte Kollegin schließlich »Ja«, wenn wir sie lange genug drängen, eine Arbeit für uns zu übernehmen. Und kommt dann einfach nicht dazu, »Du, tut mir echt Leid«.
- Vielleicht sagt eine Frau sogar ein gedehntes »Jaaaa!« zu einem Heiratsantrag, wenn der Geliebte so sehr drängt. Und muss dann leider acht Wochen vor dem Hochzeitstermin mit seinem besten Freund oder dem Fitnesstrainer durchbrennen (kein Witz, ist gerade in meinem Bekanntenkreis passiert).

Wir kennen alle solche Zeitgenossen, die keine Geduld haben. Bei einem vierjährigen Kind vor Weihnachten ist Ungeduld ja noch reizend, bei einem vierunddreißigjährigen ist sie ätzend. Was ich damit sagen will: Wir nehmen uns oft Chan-

Wir nehmen uns oft Chancen, weil wir nicht genug Geduld haben. cen, weil wir nicht genug Geduld haben. Weil wir pushy sind.

Vielleicht kennen Sie den Spruch: »Wer in einer Verhandlung als Erster einen Preis nennt, hat verloren.« Da heißt es abwarten, den anderen kommen lassen, wie im Sport. Ganz am Anfang meiner Tätigkeit als Coach habe ich mal die Anfrage eines Vorstandsvorsitzenden nach einem Coaching bei mir bekommen. Natürlich fragte er auch nach dem Preis. Anstatt etwas Zeit zu schinden, selbst darüber nachzudenken und mehr zu erfahren, was er sich von dem Coaching versprach, platzte ich mit dem Preis heraus, den ich für Frauen anbot, die die Beratung privat zahlten. Und habe mich gleich darauf geärgert. Der Preis war natürlich viel zu niedrig. Etwas Gelassenheit hätte mir geholfen. Und ihm hätte ein höheres Honorar nicht wehgetan.

Kennen Sie das Unbehagen, wenn uns eine Verkäuferin unbedingt ein Kleid schönreden will, das wir anprobieren: »Och, die Falten am Rücken, die geben sich mit der Zeit. Jaaaa, die Ärmel sind zwar etwas lang, aber die können Sie ja schoppen, so ein bisschen nach oben schieben. Sehen Sie! Was, der Rock ist vorne kürzer als hinten? Nee, das hat man jetzt so. Die Farbe lässt Sie grün im Gesicht wirken? Ach, das ist nur das schlechte Licht hier drinnen.«

Selbst wenn sie es schafft, uns in einem schwachen Moment zu erwischen, und wir das Monsterkleid tatsächlich kaufen, hat sie eins damit sicher erreicht: Nach dem ersten Auftritt in dem unmöglichen Kleidungsstück – »Sag, bist du krank? Du bist so blass und gehst so verkrampft« – also, wenn wir wieder bei Sinnen sind, werden wir nie wieder dieses Geschäft betreten!

Ungeduldige Menschen erzielen vielleicht einen kurzfristigen Erfolg, aber langfristig katapultieren sie sich aus dem Spiel. Wir mögen einfach nicht mit Leuten zusammen sein, bei denen wir das Gefühl haben, dass sie uns permanent die Pistole auf die Brust setzen und uns zu Entscheidungen treiben.

Denken Sie doch mal an eine berufliche Situation zurück, in der Sie sehr engagiert waren, eine wichtige Verhandlung, ein Gespräch, eine bedeutende Konferenz, in der Sie starken Druck gemacht haben. Erinnern Sie sich an Ihre Gefühle in dieser Situation, die Anspannung? Nun versuchen Sie, Ihren Blickwinkel zu verändern. Schauen Sie wie mit einem Kameraauge von oben auf die Situation. Nehmen Sie wahr, was dort ablief: die einzelnen TeilnehmerInnen, auch sich selbst; die Stimmung, die Spannung, die in der Luft lag, die verschiedenen Interessen und Standpunkte. Erinnern Sie sich daran, wie Sie selbst dort agiert haben. Und wägen Sie aus dieser Helikoptersicht ab, ob es einen besseren Zeitpunkt gegeben hätte, um den entscheidenden Stich zu tun. Hätten Ihnen mehr Informationen geholfen? Das Wissen um die Standpunkte der anderen? Ein taktisches Zögern?

Meist sind wir ungeduldig, weil wir Angst haben. Dann preschen wir todesmutig nach vorn – und laufen leicht ins offene Messer. Um keine Missverständnisse aufkommen zu lassen: Geduld heißt nicht Zögerlichkeit oder gar Schweigen.

> **Ungeduldige Menschen katapultieren sich langfristig aus dem Spiel.**

Geduld heißt beispielsweise abwarten können, um mit Hilfe aller Sinne den besten Zeitpunkt für eine Aktion zu erspüren. Die asiatische Wu-wei-Weisheit sagt, dass wir nicht überall dabei sein müssen, dass die Dinge auch ohne uns laufen. Und dass manchmal Nichthandeln besser sei als Handeln.

Was kann ich tun, um durch Geduld meinen Erfolg zu verstärken? Ich kann mein Gespür verfeinern, um zu erkennen, wann ich aktiv werden muss und wann ich abwarten sollte. Das hat nichts mit Fatalismus zu tun, aber so eine Spur vom Glauben an die Bestimmung ist sicher nicht schädlich.

Die Münchner Unternehmensberaterin und Trainerin Monika Scheddin fand einmal ein sehr schönes Bild für Geduld im Beruf: Fülle den Pokal der Möglichkeiten mit allen erdenklichen Chancen, dann lehne dich zurück und schau, was daraus wird. Geh spazieren, nachdem du alles angerührt hast, fahr ein paar Tage weg, genieße dein Leben (aber hinterlass vorsichtshalber die Telefonnummer, unter der du erreichbar bist). Einen weisen Spruch sah ich auch einmal auf dem Schreibtisch meines Frauenarztes: »Was dir lieb ist, lasse gehen. Wenn es zurückkommt, war es Deins.«

Ich habe vor längerer Zeit einmal für einen Verlag ein Konzept für eine neue Frauenzeitschrift entwickelt. Ich habe wirklich viel Arbeit und viele Ideen hineingesteckt. Leider wurde nichts aus dem Projekt. Natürlich war ich erst traurig, tröstete mich aber damit, dass sich bei dieser Arbeit sehr viel für mich und meine berufliche Zukunft geklärt hatte.

Einige Monate später bekam ich das Angebot, Beraterin für eine neue, innovative Fachzeitschrift zu werden. Heute bin ich Herausgeberin von *Working@Office* und kann eine ganze Menge meiner Erfahrungen und Entwicklungen beisteuern. Meine Investition zahlt sich aus.

Geduld hat viel mit Vertrauen zu tun, und darum geht es beim nächsten Schlüssel für mehr Gelassenheit.

4. Schlüssel: Vertrauen

Erinnern Sie sich an die Frau auf dem Titel dieses Buches? Nicht so genau? Dann schauen Sie sie noch einmal gründlich an. Welche Assoziationen hatten Sie, als Sie dieses Titelbild zum ersten Mal sahen? Mich hat neben ihrer Fröhlichkeit, Sinnlichkeit und Offenheit vor allem ihr Vertrauen fasziniert. Stellt sich da in ihrem roten Abendkleid ans Wasser und lässt Fische in ihr Netz springen. Wie wunderbar, wenn wir immer ein solches Vertrauen in unser Leben hätten. Wenn wir unser Netz in den Wind der Möglichkeiten hielten und sicher wären, dass da schon etwas hineinspringen wird.

Dazu gehört eine große Portion Vertrauen. Ich erinnere mich noch, dass ich als Jugendliche Bibelpassagen gehasst habe, in denen Geschöpfe, die nichts taten, Gottes Segen bekamen. Beispielsweise die Lilien auf dem Felde: »Sie arbeiten nicht und spinnen nicht, doch selbst Salomon war in all seiner Pracht nicht gekleidet wie eine von ihnen.« Oder die Vögel, »sie säen nicht, sie ernten nicht und Gott ernährt sie doch«. Oder die Arbeiter im Weinberg, die alle den gleichen Lohn bekamen, egal wie lange sie gearbeitet hatten. Oder gar die Geschichte vom verlorenen Sohn. Also, der hatte es doch wirklich nicht verdient, dass für ihn auch nur ein einziges Huhn geschlachtet würde!!!

Diese Geschichten widersprachen meiner Erziehung im Sinne der protestantischen Arbeitsethik, dass nur der bekommt, der sich auch wirklich bemüht. Oder schlichter und viel trauriger, es widersprach meiner eigenen Erfahrung als Kind: Nur wenn du fleißig bist, wirst du auch geliebt.

In meinen Seminaren arbeite ich viel mit solchen Botschaften aus der Kindheit. Und die sind sehr oft in der »Wenn-dann«-Form gehalten. Übereinstimmend sagen sie alle: »Wenn du das tust, was wir von dir verlangen, dann haben wir dich lieb.« Liebe mit solchen Voraussetzungen ist keine gute Grundlage für das Urvertrauen, das alle Kinder brauchen und das Menschen auf das Abenteuer Leben vorbereitet.

Denn diese Liebe ist flüchtig, und ein Kind kann sie mit einer einzigen Fehlleistung verlieren. Was für ein Angstpotential! Wundern wir uns dann, wenn uns dieses Urvertrauen, dieses Vertrauen ins Leben, in die Welt schwer fällt? Wenn wir glauben, wir müssen

- schuften,
- schnell sein,
- streben,
- brav sein,
- uns beweisen,
- fleißig sein,
- parieren,
- immer besser werden,
- unseren Mund halten,
- powern,

damit wir unseren Anteil am Kuchen bekommen? Natürlich ist dann solch ein Habenichts, solch ein Tunichtgut wie der verlorene Sohn aus dem Gleichnis eine absolute Provokation. Menschen ohne Vertrauen in die Welt erkennt man daran, dass sie anderen verübeln, wenn sie etwas vermeintlich Unverdientes bekommen. Mir fallen da als Beispiel spontan Sprüche von Deutschen über Asylbewerber ein, also über Menschen, die alles verloren haben – ihre Heimat, ihre Familie, ihre Kultur, ihren Besitz. Die ihr Leben hier nach Deutschland retten konnten und über die dann gesagt wird: »Stellen Sie sich vor, die haben sogar Trockner in ihren Heimen und Fernseher. Die kriegen ja alles nachgeschmissen.«

Das erinnert an die Wut der Brüder über den verlorenen Sohn. Womit hat der sich Vaters Liebe verdient? Sind wir nicht besser als er, hätten wir nicht die Liebe sehr viel mehr verdient? Wir hadern mit dem Vater (mit Gott, mit dem Schicksal). Das sind die Ursprünge von Neid. Wie traurig.

Ich habe von einem Afrikaner gelernt, was bedingungslose Liebe, also allgegenwärtige Liebe ist: von meinem Mann. Durch ihn habe ich erfahren, dass ich aus wahrer Liebe nicht herausfallen kann, auch wenn ich mal Fehler mache. Er hat mir diesen Teil Urvertrauen in die Liebe und damit ins Leben geschenkt, die ich als Kind so nicht erlebt habe. Er hat mich gelehrt: Vertraue dir selbst und deiner Wahrnehmung. Und er ist ein Mensch, für den Neid oder Missgunst absolute Fremdwörter sind.

Von Afrikanern habe ich eine Menge über Vertrauen gelernt. Ich werde nie die Szene auf dem Flughafen

Vertraue dir selbst und deiner Wahrnehmung.

von Port Sudan vergessen. 1979 war ich als Journalistin in die Heimat meines Mannes, Eritrea, gereist. Dort herrschte damals ein schrecklicher Krieg. Auf dem Rückweg über den Sudan musste ich auf dem Flughafen von Port Sudan meinen Rückflug klarmachen. Ich stellte mich in einer langen Reihe Wartender an. Es war fast unerträglich heiß, wir standen in der sengenden Sonne, es ging nur schleppend voran. Da drehte sich ein Sudanese zu mir um und sagte mir auf Englisch, dass ich ihm mein Ticket geben könnte. Er würde sich um die Angelegenheit kümmern, ich könnte solange in der Cafeteria warten.

Ich zögerte nur eine Sekunde, gab ihm dann das Ticket und ging. Ich wartete eine halbe Stunde, eine Stunde, trank Tee, beobachtete die Menschen um mich herum, unaufgeregt und voller Vertrauen, dass ich das Richtige getan hatte. Nach fast zwei Stunden kam der Mann, dem ich meinen Flugschein gegeben hatte, an meinen Tisch, drückte mir das Ticket mit der Bordkarte in die Hand. Als ich mich herzlich bedankte, antwortete er: »It was a pleasure.«

In der Altstadt von Kairo führte mich einmal ein sehr alter, sehr großer und sehr würdevoller Ägypter aus dem Gewirr der Gassen zurück in mein Hotel. Ich hatte mich verlaufen, es begann dunkel zu werden, ich fand kein Taxi und war etwas ängstlich. Ich sah ihn, sprach ihn an, fragte nach dem Weg. Er sagte nur: »Follow me.« Als wir am Hotel angekommen waren, sagte er nur »Welcome« und verschwand ohne ein weiteres Wort.

Was ich daraus gelernt habe: Wenn ich Menschen Vertrauen entgegenbringe, zeigen sie sich dieses Vertrauens würdig. Ich bin in den letzten Jahrzehnten nie wirklich von Menschen enttäuscht worden, denen ich vertraut hatte. Vielleicht spüren Menschen, dass ich sie liebe und achte, so, wie sie sind. Vielleicht schützt mich ein intuitives Bewusstsein davor, an »die Falschen zu geraten«. Und wenn ich mal reinfalle, beklaut oder betrogen werde (übrigens

Wenn Sie Menschen Vertrauen entgegenbringen, zeigen sich diese Ihres Vertrauens würdig.

meistens in Deutschland), sehe ich sehr wohl meinen eigenen Anteil daran und meine eigene Dummheit. Und ich ärgere mich und bin sauer auf den, der mir das angetan hat. Doch seltsamerweise hat dies an meiner Grundeinstellung, dass der Mensch an sich gut ist, nichts ändern können.

Warum erzähle ich Ihnen in diesem Zusammenhang so viel von mir? Weil es eine Binsenwahrheit ist, wenn ich Ihnen einfach raten würde: »Sie brauchen Vertrauen.« Sie würden die Augenbrauen hochziehen und sagen: »Ach tatsächlich?«

Ich wollte Ihnen an meinem Beispiel zeigen, warum es manchmal so schwer ist, zu vertrauen, und welche unglaublich schönen Erfahrungen man machen kann, wenn man vertraut. Natürlich hätte ich Ihnen auch von Menschen erzählen können, die von Vertrauten betrogen und ausgenutzt worden sind. Würde Ihnen das irgendwie helfen?

Ich möchte Sie ermutigen,

● sich auf das Risiko Vertrauen einzulassen,

● jemandem einen Vertrauensvorschuss zu geben,

● daran zu glauben, dass diese Welt Gutes für Sie bereithält,

- Ja zu sagen zu dem, was kommt,
- an Wunder zu glauben.

Denn nur mit diesem Vertrauen in uns selbst, in Menschen, in die Welt und in all die wunderbaren Dinge, die das Leben noch für uns bereithält, können wir wirklich Erfolg haben. Wenn wir dieses Vertrauen haben, fühlen wir uns der Welt verbunden, fühlen uns geborgen.

Sie kennen vielleicht den Begriff der »Selffulfilling prophecy«, also das Phänomen, dass das, was wir erwarten, auch eintreten wird. Erfolg stellt sich dann ein, wenn wir daran glauben, dass wir Erfolg haben werden. Nicht nur dadurch, aber auch dadurch. Denn wenn ich kein Vertrauen in meine Bemühungen habe, dann kann ich sie genauso gut sofort bleiben lassen.

Erfolg stellt sich dann ein, wenn wir daran glauben.

Sie sehen, Vertrauen ist ein wichtiger Schlüssel auf dem Weg zur Gelassenheit. Vertrauen hat aber nichts mit Naivität zu tun oder gar damit, ein Dummchen zu sein. Im Gegenteil. Damit Vertrauen nicht blind wird, gehört ein tüchtiger Schuss Klugheit dazu. Und um die geht es in der nächsten Etappe unseres Adventurespiels.

Refreshing-Übung:
Vertrauen gewinnen

Möchten Sie etwas für Ihr Vertrauen in die Welt tun? Vielleicht hilft Ihnen diese kleine Übung ein bisschen. Hierfür brauchen Sie einen Partner/eine Partnerin. Also bitten Sie Ihren Mann oder Freund, eine Freundin oder Ihr Kind (mindestens im Vorschulalter), mitzumachen.

Stellt euch gegenüber auf und legt eure Handflächen ausgestreckt gegeneinander. Bestimmt, wer im ersten Teil der Übung die Führung übernimmt. Der Führende verpflichtet sich, sehr behutsam und sacht mit dem anderen umzugehen. Der »Geführte« schließt die Augen und lässt sich nun vom anderen ganz langsam und behutsam durch den Raum führen, vorwärts, rückwärts oder seitwärts, ohne irgendwo anzustoßen. Schweigt dabei und erfasst die Bewegungsrichtung nur durch den Kontakt der Hände. Nach einiger Zeit wechselt die Rollen. Nehmt euch zum Dank für die Achtsamkeit hinterher fest in die Arme.

Sie werden merken: Es ist gar nicht so einfach, sich vertrauensvoll vom anderen führen zu lassen. Aber es ist auch eine wundervolle Erfahrung.

5. Schlüssel: Klugheit

Vertrauen zu haben heißt nicht blind in irgendwelche Fallen zu tappen. Um Vertrauen zur rechten Zeit und Misstrauen, dort, wo es angebracht ist, zu entwickeln, brauchen wir unseren wachen Verstand, den rationalen und den emotionalen. »Gnoti seauton – Erkenne dich selbst« stand über dem Eingang zum Tempel der heiligen Pythia in Delphi. Und es war die Aufforderung der griechischen Philosophen an die Menschen, ihre Fähigkeiten, aber auch ihre Beschränktheit zu erkennen.

Sei klug, so würde ich diesen Sinnspruch definieren. Auf den Beruf bezogen: Sei klug, durchschaue die Spielregeln, entwickle Strategien. Gelassenheit bedeutet eben auch zu erkennen, was warum und wie läuft, oder »was abgeht«, wie meine Kinder vielleicht sagen würden. Dabei haben wir viel mehr Möglichkeiten, den Durchblick zu bekommen, als wir gemeinhin annehmen oder nutzen. Ja, es ist verblüffend, was wir alles erkennen können, wenn wir all unsere Fähigkeiten einsetzen: Bei der Vorbereitung zu einem Seminar gebe ich sehr viel auf meine Intuition, das heißt, ich nutze die Möglichkeit, Übungen, Abläufe, Spiele einzubauen, die mir spontan einfallen und die ich so noch in keinem anderen Seminar ausprobiert habe.

Klug sein heißt, die Spielregeln zu durchschauen und Strategien zu entwickeln.

Vor einem Workshop in München für 14 Frauen aus unterschiedlichen Unternehmen, Branchen und Berufen kam mir die Idee, dass diese Frauen einander vorstellen sollten, und zwar ohne vorher ein Wort miteinander geredet zu haben. Also eine Vorstellung allein auf den äußeren Eindruck bezogen. Da im Seminar das Thema Wirkung eine Rolle spielte, wollte ich anhand dieser Übung zeigen, nach welchen äußeren Kriterien wir andere Menschen beurteilen.

Ich entwickelte also einen Fragebogen, den jede Einzelne, nachdem sie ihre Nachbarin eine Minute lang angeschaut hatte, über sie ausfüllen sollte. Darunter Angaben wie: ihr erlernter Beruf, ihr jetziger Beruf, ihre Hobbys, was sagt ihre beste Freundin über sie, warum ist sie heute hier. Diese Einschätzungen sollten dann vorgetragen werden, anschließend hatte die Beschriebene dann die Möglichkeit zu erzählen, wer sie wirklich ist und was sie macht. Ich erwartete mir eine aufgelockerte Vorstellungsrunde mit einem ersten Aha-Effekt.

Die Runde begann, die erste Teilnehmerin stellte ihre rechte Nachbarin vor, vermutete, dass sie einen sozialen Beruf erlernt hätte, wahrscheinlich Krankenschwester, jetzt aber im Management eines Unternehmens arbeiten würde, ihr Hobby sei Reisen, ihre beste Freundin sage über sie, dass sie mehr für sich selbst tun müsse. Dann kam die Nachbarin dran, sich selbst vorzustellen. Stockend begann sie, ja, sie habe in einem Krankenhaus gearbeitet, aber als medizinisch-technische Assistentin, und jetzt arbeite sie in leitender Funktion in einem pharmazeutischen Unternehmen in der Marketing-Abteilung. Wir Zuhörerinnen mussten lachen. Na so ein Zufall. Hobby stimmte auch, sie reiste für ihr Leben gern und die Freundin würde in der Tat genau das sagen, was ihre Nachbarin aufgeschrieben hätte.

Ich spürte ein leichtes Kribbeln in der Magengegend, wurde ein bisschen aufgeregt, betrachtete die Übereinstimmung aber immer noch als Zufall. Doch bei der nächsten Vorstellung waren die Treffer genauso verblüffend, mit einigen kleinen Abweichungen wurde die Nachbarin richtig beschrieben. Eine Frau, deren Hobby mit Reiten angegeben wurde, war ganz erschüttert: »O Gott, riecht man das? Ich reite nicht nur gern, ich hab sogar ein eigenes Pferd.«

Selten habe ich so eine starke Energie in einem Raum erlebt wie zwischen diesen 14 Frauen. Da war etwas, was ich kaum mit Worten beschreiben kann, eine Verbundenheit, eine Weisheit, auf jeden Fall etwas sehr Ungewöhnliches. Die Trefferquote lag schließlich insgesamt bei etwa 80 Prozent. Zum Schluss sprach keine der Frauen mehr von Zufall, sie staunten nur noch über das, was da ablief. Sie hatten sich untereinander »erkannt«. Und ich hatte eine Gänsehaut.

Ich glaube, seit diesem Tag interessiere ich mich verstärkt für das Thema Wahrnehmung, lese alles darüber: Wie wir Botschaften aufnehmen oder einordnen. Seitdem wurde Sinnlichkeit ein wichtiges Wort in meinem Wortschatz. Ich merkte, es gibt neben den bekannten Sinnen wie Hören, Sehen, Riechen, Schmecken, Fühlen und Bewegen noch einen Sinn – das Spüren.

Deshalb zähle ich zur Klugheit nicht nur die Fähigkeit, Wahrgenommenes analysieren zu können, sondern auch die Tatsache, unser Gespür oder, wie es manche Wissenschaftler nennen, unseren emotionalen Verstand einzusetzen.

Mit diesem sinnlichen Verstand durchschauen wir auch die ungeschriebenen Spielregeln besser, die Männer im Business aufgestellt haben. Etwa die, dass Vorgesetzte ungebrochene Loyalität von ihren MitarbeiterInnen erwarten. Männer beherrschen diese Spielregel, weil sie schon bei der Aufstellung der Fußballmannschaft in der ersten Klasse kapiert haben, wer der »Bestimmer« ist. Frauen haben manchmal mit dieser

Mit unserem sinnlichen Verstand durchschauen wir auch die ungeschriebenen Spielregeln.

Unterordnung ein Problem. Vor allem, wenn sie die fachliche Kompetenz ihres Chefs vermissen. Sie mögen keine Kompromisse schließen, wenn sie's doch besser wissen.

Manche Frauen begreifen beispielsweise erst in einem Coaching, warum der Chef sie immer wieder klein machen muss, obwohl sie hervorragende Leistungen erbringen. Oft steckt tatsächlich dahinter, dass er sich ihrer Loyalität nicht sicher ist. Im Coaching lernen diese Frauen dann, aus Klugheit ihrem Chef Loyalitätsbotschaften zu senden und gerade dadurch ihren Gestaltungsspielraum zu erweitern.

Frauen wissen viel zu wenig, wie Karrieren entstehen. Sie setzen immer noch auf Leistung ohne Ende, auf Sichbeweisen und sind dann am Boden zerstört, wenn wieder der Kollege, der nicht halb so gut ist wie sie, befördert wird. Klugheit heißt zu begreifen, dass Karriere mit Unternehmenspolitik zu tun hat, und das heißt mit Beziehungen. Sie können lernen, diese Beziehungen zu den richtigen, wichtigen Leuten im Unternehmen aufzubauen und zu pflegen, auf sich aufmerksam zu machen und sich zu profilieren.

Frauen haben sich mühsam abgewöhnt, im Beruf ihre weiblichen Stärken einzusetzen. Männer setzen sehr bewusst bestimmte Mittel ein, beispielsweise einen Furcht einflößenden großen Schreibtisch, vor dem jeder Bewerber sich klein vorkommen muss. Oder der maßgeschneiderte dunkelblaue Anzug, der signalisiert: Ich bin hier der Boss. Oder das bekannte Lichtspiel: Setz dich mit dem Rücken zum Fenster, dann muss dein Verhandlungspartner gegen das Helle angucken und kann sich nicht so konzentrieren. Was spricht dagegen, mit einem charmanten Augenaufschlag den Gesprächspartner zu überzeugen oder mit dem schicksten aller Kostüme seine Widerstandskraft zu brechen?

Klugheit heißt also auch, Strategien zu entwickeln. Wenn ich dies oder jenes erreichen will, kann ich dies oder jenes einsetzen. Frauen scheuen oft vor diesen Strategien zurück, fürchten das Wort »Manipulieren«. Komisch, im Privatleben haben wir überhaupt kein Problem damit, wir manipulieren unseren Partner, unsere Kinder (wie kriegen Sie Kinder sonst dazu, Zähne zu putzen?). Doch im Job bekommen wir plötzlich Skrupel.

Zu klugem Verhalten gehört übrigens auch, rechtzeitig zu erkennen, wann ein Job zu Ende ist. Das heißt, zu merken, wann es Zeit ist zu gehen, statt sich krampfhaft auf verlorenem Posten zu halten. Ich hatte mal einen Chefredakteur, den ich nicht achten konnte, weil ich menschlich von ihm enttäuscht war. Heute weiß ich, viel zu lange habe ich mich an den Job geklammert, hätte mir viel früher etwas anderes suchen müssen. Denn mit jedem Blick, den ich ihm zuwarf, spürte er meine Verachtung, da bin ich mir heute sicher. Und ich bekam – natürlich – in dieser Redaktion keine Chance mehr. Das konnte ich aber erst erkennen, als ich ein anderes

Angebot bekam und das Blatt verließ. Gerade neulich las ich in einem Buch diesen Satz aus dem *I Ging*, einer fernöstlichen Philosophie: »Ist der Weg zu Ende, verändere dich. So verändert, gehe weiter.« Ein wunderbarer Satz!

Klugheit ist das Sahnehäubchen auf unserem Handeln. Und es ist ein entscheidender Schlüssel für mehr Gelassenheit. Wenn wir souverän sind, dann können wir auch großzügig sein. Und darum geht es im nächsten Kapitel.

Klugheit ist ein entscheidender Schlüssel für mehr Gelassenheit.

6. Schlüssel: Großzügigkeit

Es gibt Frauen, die behaupten, das Arbeiten unter Frauen sei das Schlimmste, was man sich vorstellen könnte. Ich selbst habe in verschiedenen Frauenredaktionen gearbeitet und glaube, dass dieses Urteil generell so nicht stimmt. Natürlich habe ich Intrigen erlebt, Machtkämpfe um die Gunst des Chefredakteurs, kleine Gemeinheiten, offenen Streit, Schikanen, Unprofessionalität, Zickigkeiten und Verletzungen. Wir Frauen wissen schon sehr genau, womit wir eine andere treffen können!

Doch Sie sollten nur einmal eine Zeitschrift wie *Capital* oder das *Handelsblatt* aufschlagen. Was lesen Sie da? Über Männer in Machtpositionen, welche Intrigen sie spinnen, wer wie ausgebootet wird, wer wen mit Rufmord überzieht oder Heerscharen hinter sich sammelt für die nächste Aktionärsversammlung. Sage mir keiner, Frauen seien intriganter als Männer. Das ist Quatsch!

Ich habe umgekehrt aber auch eine wundervolle Zusammenarbeit mit Frauen erlebt. Vor allem in meinem letzten Job, in der Redaktion der Zeitschrift *Cosmopolitan*, in der ich neun Jahre lang Ressortleiterin für den Bereich Karriere, Finanzen und Multimedia war. Wie komme ich beim Thema Großzügigkeit darauf? Ich möchte Ihnen das an einigen Beispielen erklären.

Im Text-Team der *Cosmopolitan* hatten wir jeden Tag Spaß miteinander. Das beste Zeichen dafür: Wir sind mit einer Gruppe von sechs, sieben Kolleginnen jeden Mittag zusammen in ein nahe liegendes Restaurant zum Essen gegangen – freiwillig. Wir haben in Konferenzen viel gelacht, haben uns gegenseitig geholfen, wenn wir nach Themen oder Titeln gesucht haben oder wenn eine von uns unter den wechselnden Chefredakteurinnen Stress hatte. Wir haben miteinander geblödelt und miteinander geschimpft, denn natürlich haben wir auch nicht in einem Paradies gelebt. Wir waren gemeinsam stark, weil wir uns gegenseitig geholfen haben. Wenn die eine mit einer Überschrift nicht weiterkam, rief sie einfach in den Flur: »Wer hat Zeit für einen Titel?« Und zwei, drei Kolleginnen nahmen sich die Zeit. Beim nächsten Mal brauchten vielleicht sie die Hilfe. Themen wurden ebenfalls in der Runde entwickelt, denn mehr Nasen riechen mehr Trends.

Nachdem ich die Zeitschrift verlassen hatte, um mich selbständig zu machen, habe ich darüber nachgedacht, wie das tolle Klima in der »Kerntruppe« bei *Cosmopolitan* zustande kam:

● In der Redaktion arbeiteten selbstbewusste Frauen, die wussten, was sie können.

- Die Aufgabenbereiche waren klar voneinander abgegrenzt, jede wusste, wofür sie zuständig war.
- Es arbeiteten dort fröhliche Frauen, die gern lachten und die Humor hatten.
- Sie alle waren mehr oder weniger ehrgeizig, aber keine hat sich auf Kosten einer anderen profiliert.
- Wir hatten ein gemeinsames Ziel: ein gutes Blatt zu machen.
- Wir fühlten uns solidarisch gegen »die da oben«, wenn's sein musste.
- Wir hatten keine Angst, offen zu sein und zu kritisieren.
- Die Frauen waren in der Balance, das heißt, sie kamen gut in ihren Partnerschaften und privaten Beziehungen klar und konnten so der Kollegin ihren privaten und beruflichen Erfolg gönnen.

Was wir nicht waren: engstirnig und neidisch, profilierungssüchtig und gemein. Wir waren großzügig – mit unserer Zuneigung, unserer Anerkennung und unserer Kritik.

Ohne diese Großzügigkeit kommen wir niemals zur Gelassenheit. Wenn ich nur darauf achte, was die andere hat, was ich nicht habe, kann ich nicht gelassen sein. Wenn ich nur schaue, wo ich einen Vorteil habe, wo ich die andere ausstechen kann, kann ich nicht gelassen sein. Wenn ich nur versuche, mich möglichst gut durchzulavieren, auch auf Kosten der anderen, kann ich nicht gelassen sein.

Ohne Großzügigkeit kommen wir niemals zu Gelassenheit.

Eine meiner größten Freuden bei *Cosmopolitan* war, dass ich zwei Kolleginnen dazu ermutigen konnte, ein Buch zu schreiben. Dieses Buch, *Warum nur davon träumen?*, über Frauen und Sexualität wurde ein Riesenerfolg. Um ehrlich zu sein, es verkaufte sich besser als alle meine bisherigen Bücher zusammen. Und ich war einfach nur stolz auf die beiden. Was hatte ich davon? Ich hatte sie dem Verlag empfohlen, also freute ich mich natürlich über den Erfolg. Und außerdem freute ich mich, dass ich sie mit meinem eigenen Beispiel motivieren konnte.

»Teach people how to reach for the stars«, dieses Motto hing jahrelang über meinem Schreibtisch in der *Cosmopolitan*-Redaktion, und es ist heute noch mein Motto.

Gelassenheit bedeutet, anderen ihre Erfolge zu gönnen, und mehr als das: anderen dabei zu helfen, sich zu entwickeln und größer zu werden. Es bedeutet, diese Entwicklung mit Freude zu betrachten und den Erfolg der anderen mit zu feiern. Großzügigkeit heißt auch, andere zu empfehlen. Ich bin beispielsweise sehr dankbar für die Großzügigkeit von Trainer-Kollegen und -Kolleginnen, die mich ihren Auftraggebern weiterempfohlen haben und mir dadurch halfen, in meiner Selbständigkeit Fuß zu fassen. Diese KollegInnen waren selbstbewusst genug, mich nicht als Konkurrentin zu fürchten, sondern mich als Kollegin zu schätzen und zu fördern. Ich nutze die Gelegenheit, mich an dieser Stelle bei ihnen einmal herzlich dafür zu bedanken, auch wenn ich nicht alle einzeln aufzählen kann.

Gelassenheit bedeutet, anderen ihre Erfolge zu gönnen.

Großzügigkeit entsteht:

- aus dem Vertrauen, dass die andere mir nichts wegnehmen wird,
- aus dem Wissen um das eigene Können und die damit verbundene Selbstsicherheit,
- aus dem Spaß an Zusammenarbeit und gesunder Konkurrenz,
- aus der Erfahrung, dass alles zu mir zurückkommt, Schlechtes wie Gutes.

Großzügigkeit, der sechste Schlüssel zur Gelassenheit, kommt auch aus einer Heiterkeit, die sich im Laufe des Lebens einstellen kann, wenn ich mit mir und anderen im Reinen bin. Um Heiterkeit und um Humor geht es im letzten Kapitel unseres Adventurespiels.

7. Schlüssel: Humor

»Gott schütze mich vor Katastrophen und Menschen, die nicht lachen können.« Das fällt mir beim Thema Humor als Erstes ein. Ist das der Ausspruch irgendeines berühmten Mannes? Ich weiß es nicht, aber es könnte mein Lebensmotto sein. Ich könnte Ihnen ein Dutzend ähnlicher Sinnsprüche liefern wie »Ein verlorener Tag ist ein Tag, an dem du nicht gelacht hast« oder »Ein Lächeln ist die kürzeste Verbindung zwischen zwei Menschen«.

Wahrscheinlich habe ich diesen Hang zum Lachen, zum Fröhlichsein oder zum positiven Denken, wie es heute heißt, von meiner Großmutter geerbt. Sie ist mit ihren 95 Jahren immer noch einer der heitersten Menschen, die ich kenne. In fröhlichen Familienrunden sitzt sie bis nach Mitternacht dabei, und sie kann über eine lustige Geschichte immer noch Tränen lachen. Das Lieblingsbuch in ihrer Jugend war *Trotzköpfchen*, gerade hat sie es wieder für sich entdeckt, liest immer wieder mal darin und kichert wie ein Backfisch.

»Du bist der Herrscher der Welt, wenn du lachen kannst!«, sagt Roberto Benigni, der italienische Komödiant, der mit dem Film *Das Leben ist schön* 1998 auch bei uns bekannt wurde und dafür 1999 sogar einen Oscar gewann.

Aus beiden Beispielen habe ich gelernt, dass wir auch dann fröhlich sein können, wenn wir etwas Schlimmes in unserem Leben mitgemacht haben. Kann man sich Schlimmeres als Krieg, Vernichtung und Vertreibung vorstellen? Und da lassen wir uns unseren Humor durch Steuernachzahlungen und schlechtes Wetter rauben?

Ich erinnere mich, dass mir, als meine Kinder klein waren und das Leben ziemlich stressig war, das Lachen schon manchmal vergangen ist. Und dass mit dem Älterwerden offensichtlich die Grund-Heiterkeit zunimmt. Eine gute Balance scheint sich also auch positiv auf unsere Laune auszuwirken.

Wenn Ihnen das Lachen manchmal im Halse stecken bleibt, denken Sie daran: Lachen macht schlau! So stand es zumindest kürzlich in der Zeitung. Wer gut drauf ist, so hat eine Studie der Universität Maryland ergeben, bewältigt Schwierigkeiten schon durch seine positive Einstellung besser als andere. Im Rahmen dieser Studie wurden einer Gruppe Studenten lustige Cartoons gezeigt. An-

Lachen macht schlau!

schließend konnten diese Studenten komplizierte Rechen-
aufgaben wesentlich leichter lösen als eine andere Gruppe,
die keine Cartoons zu sehen bekommen hatte. Der Autor der
Studie, Professor Steve Allen, behauptet sogar, dass humor-
volle Menschen intelligenter und erfolgreicher sind und
schneller die Karriereleiter hochklettern als verbissene Kollegen. Das erinnert mich an eine Untersuchung, die vor Jahren
unter Personalentscheidern durchgeführt worden ist. Diese
stellten übereinstimmend fest, dass BewerberInnen mit Humor eher eingestellt würden als Miesepeter. Eigentlich lo-
gisch. Denn wer mag schon jeden Tag missgelaunten Menschen begegnen?

Wissen Sie, dass Sie als Frau in Sachen Humor enorme
Vorteile haben? Frauen lachen im Büro deutlich mehr als
Männer, hat eine andere Untersuchung festgestellt. Überhaupt zeigen sie sich mehr von der fröhlichen Seite. Fast alle
Frauen geben ein Lächeln im Alltag prompt zurück, während
nur 67 Prozent der Männer zurücklächeln. Sprachforscher,
das hat die Autorin Barbara Czermak herausgefunden, haben
festgestellt, dass die Sozialisation bei Jungen und Mädchen in
punkto Lachen grundverschieden abläuft. »Schon in der Jugend erzählen Jungs Schoten, in denen oft Frauen als Witzfi-
guren herhalten müssen. Und die Mädchen lachen höflich
oder gutmütig mit. Und sie tun es weiter bis ins Erwachse-
nenalter.«

Wie heißt es: Humor ist, wenn man trotzdem lacht. Wer
sich nicht so ernst nimmt, gewinnt an Stärke. Sie kennen das
sicher: Es gibt nichts Lächerlicheres als Wichtigtuer, die sich
aufblasen wie ein Breitmaulfrosch und vor lauter Wichtigkeit

kaum gehen können. Und wie gut geht es uns dagegen mit Leuten, die gern lachen.

Hier ein guter Tipp: Wenn Sie mal wieder so richtig sauer sind, weil die Zahnarztrechnung gekommen ist oder Ihr Boss Ihre Großartigkeit nicht erkannt hat, vergraben Sie sich nicht in Ihrem Ärger. Sondern tun Sie etwas für Ihre Lachmuskeln. Gehen Sie zusammen mit einem Lachwunder ins Kino. Sehen Sie sich gemeinsam den witzigsten Film an, der in Ihrer Stadt läuft. Und beim Lachen, dieser energiereichen herrlichen Entladung, wird Ihr Frust hinweggespült, wird Schwieriges leichter, Ärgerliches lächerlich.

Sie wissen doch: Wer zuletzt lacht, lacht am besten.

Sie sind am Ziel

So, wir sind am Ziel unseres Adventurespiels angekommen, haben uns erfolgreich durch Urwälder und Wüsten, durch Labyrinthe und tiefe Schluchten geschlagen. Sie haben jetzt alle Schlüssel in der Hand. Sie können die sieben in die Schlösser der großen Schatzkammer stecken und umdrehen. Geschafft? Die Tür öffnet sich langsam und dann finden Sie in der herrlich ausgeschmückten Halle den größten Schatz, der zum Erfolg führt: Gelassenheit.

Gelassenheit ist der größte Schatz, der zum Erfolg führt.

Die Gelassenheit ruht auf einem roten Samtkissen mit einer goldenen Borte. Und sie blinkt wie ein Diamant in der Sonne. Besitzen Sie einen Ring mit einem schönen Stein, einen blitzenden Anhänger oder einen schönen Halbedelstein als Handschmeichler? Dann machen Sie dieses Stück zum Zeichen Ihrer Gelassenheit.

Ich habe so einen Ring, einen blauen Topas, und immer wenn ich in Zeiten großer Hektik und Anspannung diesen Ring anschaue, werde ich schlagartig ruhig, denn ich habe meine Gelassenheit in ihn versenkt. Immer wenn ich ihn anschaue, denke ich automatisch: »Take it easy. Es ist alles nur ein Spiel.« Und muss lächeln.

»Bei meinem ersten Millionenauftrag blieb mir die Luft weg!«

Ein Porträt von Helga Schuler

❏ *Helga Schuler, 44, ist Verkaufstrainerin und Inhaberin der* Prisma Unternehmensberatung, *Rodgau.*

Helga Schuler stammt aus einer Unternehmerfamilie, ihre Eltern hatten ein Bauunternehmen. Ihr Vater starb sehr früh, mit 36. Sie war zwölf Jahre alt, ihre kleinen Schwestern waren gerade ein halbes Jahr bzw. anderthalb Jahre alt. Ihre Mutter führte das Baugeschäft weiter, damals gar nicht so leicht für eine Frau. »Unternehmerin sein ist mir also vorgelebt worden. Meine Mutter wollte auch, dass ich Ingenieurin werde. Und ich wollte genau das Gegenteil, ich studierte aus Trotz Sozialpädagogik, wollte Jugendliche in Jugendhäusern betreuen.« Ihren ersten Job nach dem Diplom bekam Helga Schuler beim Christlichen Jugendwerk Deutschland, in einem Institut für gruppendynamische Seminare für Jugendliche. Und so »rutschte« sie in den Trainingsbereich. Sehr bald spürte sie, dass ihr dies durchaus Spaß machte und dass sie auch Verantwortung trug. Trotzdem machte sie noch einen Schlenker – »Die Sozialpädagogik sah mir doch sehr nach brotloser Kunst aus«. Zusammen mit ihrer Mutter machte sie einen Wollladen auf, organisierte Modenschauen.

Der Verkauf interessierte sie und so machte sie bei *Hertie* eine Ausbildung als Abteilungsleiterin. Doch auch dort kam sie schnell in den Bereich Training. »Also, Kaufhaus war auch nicht mein Leben. Dann habe ich mich als Trainerin selbständig gemacht und für *Nixdorf* gearbeitet. Ich glaub, ich war die erste Frau überhaupt, die dort Verkaufstrainings für Berufsanfänger gemacht hat.«

Sie war knapp 30, als sie in der Zeitung eine Anzeige sah: »Trainerin für Telemarketing gesucht«. »Ich wusste damals nicht, was Telemarketing bedeutet. Aber es hat mich interessiert. Die anderen haben die Nase gerümpft, bah! Telemarketing, das klang so nach Drückerkolonne, alle schlechten Assoziationen waren damit verbunden. Es war also ganz am Anfang dieser Branche, aber ich bin das Risiko eingegangen.«

Nach einem Jahr kündigte die Geschäftsführerin der Firma und zusammen mit dem Inhaber gründete Helga Schuler 1985 eine neue Firma, *Prisma Telefontrainings*. »Ich habe die Gelegenheit am Schlafittchen gefasst, ich habe gesagt, okay, ich steige da ein.« Sie wurde Geschäftsführerin und war

Je erfolgreicher man ist, umso freier wird die Gestaltungs-möglichkeit.

gleichzeitig die einzige Angestellte. »Von mir hing sehr viel ab am Anfang, dass dieses Unternehmen entstehen konnte. Ich habe Seminare, Seminare, Seminare gemacht. Das Thema Telefonieren hat immer mehr an Bedeutung gewonnen. Mir hat diese Gestaltungsmöglichkeit gefallen. Und ich habe gelernt: Je erfolgreicher man ist, umso freier wird die Gestaltungsmöglichkeit.«

Was sie in der Arbeit mit Jugendlichen gelernt hatte, die Gruppendynamik und den psychologischen Aspekt des Verhaltenstrainings, konnte sie jetzt beim Telefontraining ein- und ausbauen. So wurde Helga Schuler die Pionierin in Deutschland für Telefonschulungen. Heute leitet sie ein Unternehmen mit über 60 Mitarbeitern.

Sie erinnert sich noch genau an den Moment, als sie gespürt hat, dass sie erfolgreich werden würde: »Ich war Anfang 30 und stand in der Küche bei meiner damaligen Schwiegermutter und sagte ihr: ›Du, mir wird manchmal Angst, wenn ich sehe, welche Verantwortung ich gegenüber meinen Seminarteilnehmern habe.‹ Ich spürte meine Macht sehr genau. Dass ich in der Lage war, die so zu beeinflussen, dass sie Dinge tun, von denen ich möchte, dass sie sie tun.«

Sehr bald hatte sie mehrere MitarbeiterInnen, das Unternehmen wuchs, der Umsatz auch, immer mehr Kunden kamen dazu. Gab es nie Krisen? »Doch, die gab es, vor allem in der Gründerphase, die hat etwa sieben Jahre gedauert. Es war die Zeit, als mir plötzlich zwei, drei Trainerinnen auf einmal weggelaufen sind. Da war die Firma am Kippen. Nach vielen

Hochs kam dann auch mal ein Tief, und wir mussten überlegen, wie es weitergeht.«

Damals wurde die Idee entwickelt, dass das Unternehmen wie ein Indianerstamm auf Büffeljagd wäre. Es gab einen Häuptling, Helga Schuler, und viele Indianer als Einzelkämpfer, also einzelne Trainer, die ihre Aufträge hatten und ihre Kunden betreuten. Jeder jagte seine Hasen, ab und zu wurde auch mal zu zweit ein Reh erlegt. Dann kam der Wunsch auf, Büffel zu jagen, und das ging nur gemeinsam, im Team. Konsequenz: Es wurden größere Projekte akquiriert, an denen mehrere Trainer beteiligt waren, und damit wuchs das Unternehmen. Allein in diesem Jahr wurden zehn neue Mitarbeiter eingestellt.

Helga Schuler: »Wenn man sich erstmals vergegenwärtigt, welches Risiko man eingegangen ist, da kommen dann schon die Ängste.« Doch mit Hilfe ihres Geschäftspartners konnte sie die Krisen meistern, und Helga Schuler hält heute noch große Stücke auf ihn: »Er hat mich die Firma allein aufbauen und mich herumwursteln lassen, aber in Krisenzeiten war er immer für mich da, ohne Vorwürfe und hat mir geholfen.«

Geholfen hat ihr auch, dass sie äußerst mutig war: »Mut und Zivilcourage habe ich mir während meiner Studentenzeit gut antrainiert, als wir gegen Brokdorf und gegen Kalkar gekämpft haben.« Und: Manche Risiken sah sie gar nicht, mietete locker mal eben ein paar Quadratmeter fürs Büro dazu, ohne nachzudenken, wie sich das auf ihre Kosten auswirken würde. Heute sieht sie das als Vorteil. »Bill Gates hat mal gesagt, wer wartet, bis alles entschieden ist, der kann sich mit

179

Spontaneität, Emotionalität und Intuition sind in der Gründerphase wichtig.

Zauderern und Zögereren nachher nur noch um die Krümel streiten. Man muss als Unternehmerin einfach Entscheidungen fällen und kann nicht warten, bis alles endgültig perfekt oder bewiesen ist. Das habe ich von Männern gelernt. Besonders in einer Gründerphase sind Spontaneität, Emotionalität und Intuition, also auch bewusst ›Augen zu und durch‹ wichtig. Später, wenn man mehr Verantwortung für mehr Menschen hat, wird man sowieso vorsichtiger.«

Diesen Mut zur Entscheidung und zur Verantwortung hat sie immer bewiesen, und den vermisst sie manchmal bei anderen Frauen. »Dies sind die zwei Seiten der Medaille: Ich muss Entscheidungen treffen und dann die Verantwortung dafür übernehmen. Gepaart mit einem bisschen Abenteuergeist.«

Das hieß für sie nie, immer nur allein das Sagen zu haben. 1991 stellte sie einen zweiten Geschäftsführer ein, »die beste Entscheidung, die ich für unsere Entwicklung getroffen habe. Ich habe Freundinnen, die ihr Unternehmen allein führen, und ich beneide sie nicht. Ich bin eher ein Teamplayer, bei all meiner Dominanz und matriarchalischen Veranlagung. Und es ist wie bei der Kindererziehung. Als Alleinerziehende muss man auch alle Entscheidungen allein treffen. Es ist ein Unterschied, ob ich sagen kann, darüber muss ich noch mal mit deinem Vater reden, und kann sich noch mal beraten.« Die inzwischen 65 MitarbeiterInnen schätzen das »gemischte Doppel« an der Firmenspitze. Manche gehen tatsächlich lieber zu »Papa«, wenn sie Fragen haben, andere zu »Mama«.

Insgesamt ist die temperamentvolle Geschäftsführerin aber doch stolz darauf, dass das Unternehmen eher eine »weibliche« Kultur hat. Eine Kultur, die viel Wert darauf legt, wie man miteinander umgeht, mit starker Kommunikation untereinander, dem Achten auf Details, auf Kleinigkeiten. Das fängt bei den freundlichen Büros an und hört beim gemeinsamen Mittagstisch, den ein örtliches Restaurant liefert, nicht auf.

Nur ab und zu fällt Helga Schuler die weibliche Sanftheit auf die Nerven. »Wir brauchen manchmal zu viele Schleifen bis zu einer Entscheidung, Wattebauschkultur hat es mal jemand genannt. Wenn wir zu wenig streiten, zu viel diskutieren, zu perfektionistisch sein wollen und versäumen, rechtzeitig klare Entscheidungen zu treffen.«

Sie beobachtet das bei ihren eigenen MitarbeiterInnen: »Viele Frauen können ihre Ziele nicht klar formulieren. Männer sagen sehr viel klarer ›Ich möchte in drei Jahren einhunderttausend Mark verdienen‹ oder ›Ich will dies oder das‹.« Sie führt das – »natürlich« – auf die Sozialisation zurück. Männer werden erzogen, eine Familie zu ernähren, die Verantwortung zu übernehmen und jeden Tag in die Firma zu gehen. Frauen werden dagegen immer noch nicht auf diese Verantwortung vorbereitet, bekommen ein anderes emotionales Rüstzeug mit, weil sie ja immer auch die Auszeiten berücksichtigen müssen wegen Ehe und Kindern.

Da stöhnt die Unternehmerin leicht auf: »Frauen eiern viel mehr herum, wollen plötzlich nur noch halbtags arbeiten mit Mitte 30, auch ohne Kinder. Weil der Mann das so lieber hätte. Aber natürlich muss man sich als Chefin darauf einstellen, dass Frauen Kinder kriegen möchten, natürlich. Ich habe letztes Jahr vier Schwangerschaften im Betrieb gehabt. Das ist schon schwierig auszugleichen. Dieses Jahr ist es, Gott sei Dank, nur eine.«

Aber viel lieber als zu lamentieren spricht sie über ihre Pläne. »Ich liebe es, die Welt zu erobern. Und das erlebe ich bei den Vorträgen, die ich jetzt viel halte. Die Bewunderung, die ich da erlebe, die sauge ich regelrecht ein, die von Frauen und die von Männern.«

Im Unternehmen selbst reizt sie vor allem das Wachstum. Und sie ist stolz darauf, Arbeitsplätze zu schaffen. »In der Call-Center-Branche werden viele Arbeitsplätze geschaffen. Es macht mir einfach Spaß, in so einer zukunftsorientierten Branche zu arbeiten. Mich reizen Veränderungen, da werde ich hellwach. Auch die Veränderungen, die durch die neuen Medien auf uns zukommen, finde ich hochspannend, und die lassen sich von niemandem aufhalten.«

Dabei mitzumischen ist ihr Ziel. Und sie ist mittendrin, berät namhafte Unternehmen bei solchen Prozessen, *Viag Interkom*, *Quelle*, die *Advance Bank*, die *Bewag*, ist mit den Entscheidungsträgern im Kontakt, kann Zukunft mitgestalten. Das findet sie »ganz, ganz spannend«. Ihr Ziel: Ein »Global player« zu werden, ein Unternehmen, das international erfolgreich wird. Dabei möchte sie neue Wege gehen, eine andere Unternehmensberatung werden »als die McKinseys und die anderen. Durch mehr Menschlichkeit, eine andere Kommunikationskultur.«

Genauso gern erinnert sie sich an ihren ersten wirklich tollen Auftrag. Sie muss lachen, als sie erzählt, wie sie diesen ersten ganz großen Fisch an Land gezogen hat: »Ich weiß noch, wie ich damals den Strich unter das Angebot gezogen habe und die Zahl gar nicht richtig hinschreiben konnte, sie lag über einer Million, ja das war wirklich unser erster Millionenauftrag. Das Witzige war, für den Kunden war das überhaupt kein Problem, der hat sofort zugestimmt. Aber für mich war es so eine

Von der Freude, den ersten großen Fisch an Land gezogen zu haben.

gigantisch hohe Summe, das war Wahnsinn. Als der Auftrag da war, waren da wirklich diese Flugzeuge im Bauch und erst mal eine totale Leere im Kopf. Natürlich knallten dann die Champagnerkorken.«

Noch heute freut sie sich über jeden Auftrag und feiert gern mit ihren MitarbeiterInnen und mit Kunden und stößt dann auch gern mal einen Freudenschrei aus. Gerade dann, wenn sie hart um den Auftrag kämpfen musste. Genauso traurig ist sie, wenn sie einen Auftrag verliert, gibt sich gar nicht cool und kann durchaus auch Tränen darüber vergießen.

Sie weiß, wie Erfolg schmeckt, kann dies ganz sinnlich beschreiben: »Er ist wie ein guter Rotwein. Man sieht ihn richtig kommen und freut sich darauf. Beim Rotwein ist es ja mit dem Geschmack genauso. Das ist doch das Spannendste, am Wein riechen und das Glas noch mal kreisen lassen, die Nase reinhalten, sich noch mal die Farbe angucken. Bei einem guten Barolo etwa, oder so einem richtig schweren australischen Chirass, einem dunklen, schweren. Genauso ist das bei einem Vortrag, wenn du den Erfolg kommen siehst, wie die Zuhörer reagieren, wie sie sich mitreißen lassen. Genauso gefällt es mir übrigens, wenn ich bei anderen solche Erfolge sehe. Das macht mir genauso viel Spaß.«

Sie ist stolz darauf, wenn andere, die bei ihr gelernt haben, solche Erfolge verbuchen, dann steht sie stolz in einer Ecke und guckt, wie der andere das macht, und freut sich am Wachstum der anderen. Feiert das dann auch mit denen. Sogar, wenn diese sie verlassen. »Natürlich bin ich traurig, dass ich sie verliere. Aber auf der anderen Seite ist das doch auch eine Anerkennung meiner Arbeit, wie ich sie geführt und entwickelt habe. Ich freue mich über mich selbst, denke, ach wie schön, du kannst loslassen. Ich bin ein Mensch, der keinen Neid kennt. Wenn andere neidisch sind, sollen sie selbst sehen, wie sie damit zurechtkommen. Ich gönne einfach Menschen das, was sie verdient haben, ach Blödsinn, auch denen, die es nicht verdient haben, wem steht da ein Urteil zu?«

Was rät sie jungen Frauen, warum lohnt es sich, Erfolg zu suchen? Helga Schuler grübelt kurz, bevor sie langsam sagt: »Es lohnt sich, weil am Erfolg auch die Persönlichkeit wächst, die eigene Persönlichkeit. Es entwickelt sich Verantwortungsbewusstsein, auch für andere Verantwortung mitzutragen. Das gibt eine enorme Stärke, Sicherheit und Selbstsicherheit. Und zwar nicht nur eine gespielte, sondern eine Selbstsicherheit, die von innen kommt.«

Am Erfolg wächst die eigene Persönlichkeit.

Das ist ein Teil ihrer Motivation. Die anderen zwei Anteile nennt sie genauso offen. Da ist einmal das Geld. Unabhängigkeit bedeutet für sie auch immer einen Teil von Freiheit. Freiheit, Dinge tun zu können, die sie gerne macht, reisen beispielsweise. Oder Luftschlösser zu bauen? Wie? »Das Geld nicht ausgeben, aber die Möglichkeiten zu erträumen und zu wissen, wenn du willst, kannst du sie auch einmal verwirklichen. Den Traum beispielsweise, in einem warmen Land zu wohnen, mit Pferden und anderen Tieren ...«

Den Traum von Pferden hat sie sich allerdings jetzt schon erfüllt. Sie ist eine begeisterte Reiterin und hat sogar ihre Hochzeit im letzten Jahr als Reiterhochzeit gefeiert, die Gäste waren per Pferd oder im Planwagen unterwegs. Und die höchste Wonne im Urlaub sind für sie tagelange Wanderritte, mit wenig Gepäck stundenlang auf einem breiten Pferderücken durch herrliche Landschaften zu reiten und danach auch mal in einem Luxushotel abzusteigen, um sich so richtig verwöhnen zu lassen.

»Spaß gehört einfach zu meinem Leben«, sagt sie, und ihre fröhlichen Augen blitzen. »Spaß und Abwechslung, kein Tag ist wie der andere. Ich unterscheide da auch nicht zwischen Arbeit und Freizeit. Ich lerne so viel interessante Menschen kennen, und je erfolgreicher ich bin, umso spannender und interessanter werden die Menschen, die ich kennen lerne.«

Wünscht sie sich nicht manchmal mehr Zeit für sich, für ihren neuen Ehemann, mit dem sie, wie sie sagt, einen absoluten Glücksgriff getan hat? »Nein, es gibt nicht mehr Zeit. Der Tag hat nur 24 Stunden. Warum sollte ich mir das wünschen? Da muss ich an *Momo* denken, dieses wundervolle Buch von Michael Ende. Darin kommen graue Herren vor, die versuchen, Zeit zu stehlen. Ich sehe es auch als meine Verantwortung an, mit der gegebenen Zeit, sei es nun Lebens-, Tages- oder Arbeitszeit, bewusst umzugehen.«

Gelassen ganz nach oben

Die weibliche Art, Karriere zu planen

Schluss mit männlich geprägtem Karriere-Hunting. Weil Frauen Erfolg oft anders definieren als Männer, brauchen sie auch eine alternative Karriereplanung – eine, die ihre Wünsche, Sehnsüchte und Lebensziele berücksichtigt. Damit sie noch besser ihre Ziele erreichen – Ziele, die sie selbst definiert haben. Es ist höchste Zeit für Frauen, sich den männlich geprägten Normen zu verweigern und eigene Wege zu finden. Denn das Jahrzehnt der Weiblichkeit und der Gelassenheit liegt vor uns.

Schluss mit männlich geprägtem Karriere-Hunting!

»The new Gelassenheit«, scherzten Kolleginnen von mir schon in der *Cosmopolitan*, wenn ich mit meinem Lieblingsthema kam. Und da ist etwas dran. Die Zeit ist reif für einen gelassenen, souveränen Auftritt – vor allem für Frauen.

Die siebziger Jahre waren das Jahrzehnt des Kämpfens und der Emanzipation. Frauen lösten sich aus Abhängigkeiten, kämpften für politisches Gehör, für Entscheidungsfreiheit, für die eigene Lebensplanung. Die männlich geprägten Hierarchien in Unternehmen wurden als das Haupthindernis für die Chancengleichheit von Frauen im Berufsleben betrachtet und der Anspruch auf die Teilhabe an »beiden Seiten des Himmels« demonstriert.

Die achtziger Jahre waren das Jahrzehnt des Forderns. Wir kämpften um Frauenministerinnen und Frauenförderpläne, forderten Quoten und bildeten »Weiberräte«. Es war das Jahrzehnt der Frauenforschung. Wir erfuhren von der »Glass Ceiling«, dieser unsichtbaren Decke, die Frauen daran hindert, ab einem bestimmten Punkt weiter nach oben zu kommen. Es war auch das Jahrzehnt der Netzwerke. Frauenpower schloss sich zusammen, versuchte eine Macht zu werden.

Die Neunziger waren für Frauen das Jahrzehnt des Beweisens. Wir versuchten zu beweisen, dass wir – mindestens – so gut wie Männer sind. Mädchen erreichten die besseren Schulabschlüsse, bildeten erstmals die Mehrheit der StudentInnen. Sie glänzten durch bessere Prüfungsergebnisse, ob nach Studium oder Lehre. Frauen im Job schufteten, ackerten, schoben die Ellenbogen hinaus und erfüllten alle männlichen Normen. Ihr höchstes Ziel: die Männer um sie herum vergessen zu lassen, dass sie (nur) eine Frau sind.

Jetzt bricht ein neues Zeitalter an! Die Zeit des Kämpfens, Beweisens, Verleugnens ist vorbei. Frauen können im Wissen um ihr Können und ihre Ziele gelassen ihren Weg gehen. Sie können von sich sagen: Jawohl, ich bin eine Frau, ich denke wie eine Frau, ich empfinde wie eine Frau, ich plane wie eine Frau, ich handle wie eine Frau. Ich weiß, dies ist meine Stärke!

Die Zeit des Kämpfens, Beweisens, Verleugnens ist vorbei.

Sie können ihre Energie ohne Störverluste in Projekte fließen lassen. Und: Die Ergebnisse werden positiv registriert werden. Weil sie Unternehmen voranbringen, wirtschaftlichen Erfolg garantieren und weil die weibliche Herangehensweise Anerkennung findet.

Manche Männer haben dies schon vor den Frauen bemerkt. »Frauen sind die besseren Manager«, sagte mir beispielsweise der Vorstand der *Schiesser AG*, Dr. Helmut Haller, schon vor Jahren in einem *Cosmopolitan*-Interview.

Männliche Führungskräfte, so zeigen Untersuchungen, verwenden 60 Prozent ihrer Arbeitszeit darauf, ihren Status abzusichern. Das heißt, ihre Position nach unten zu verteidigen, nach oben zu rechtfertigen, Konkurrenten auszuschalten und ihre eigene Zukunft zu sichern. Da bleibt nicht viel Zeit für Lösungsansätze für die Unternehmen. Doch die bedürfen mehr denn je neuer Lösungen, einer ganzheitlichen Betrachtungsweise, der vollen Aufmerksamkeit für Kunden und für Bedürfnisse sowie einer starken Verknüpfung mit dem Leben.

Und jetzt kommen die Frauen. Mit ebendieser ganzheitlichen Denkweise. Mit ihrer Form der Kreativität, ihrer Lebensnähe, ihren Gefühlen, ihrer so lange verlachten »weiblichen Intuition«. Es wird das Jahrzehnt von Herz und Verstand, nicht nur weil der Wassermann regiert.

In Zeiten, in denen ganzheitliches Denken nicht nur akzeptiert, sondern sogar gefordert wird, haben wir endlich die Chance, auf eine neue, unbeschwerte Weise unsere Qualitäten in unsere Arbeit einfließen zu lassen. Wir können unserem Gefühl vertrauen und dürfen unsere weibliche Klugheit gelassen einsetzen. Mit der Gewissheit, den richtigen Weg zu gehen.

Gelassen heißt aber nicht lässig oder gar faul. Gelassenheit bedeutet nicht Trägheit oder ein »Ist-mir-doch-alles-egal«-Gefühl. Im Gegenteil. Gelassenheit heißt volle Präsenz: »Hier bin ich und tue mein Bestes.« Unverkrampft und souverän, ohne Eifersüchteleien und Grabenkämpfe. Im Umgang mit Problemen und auch mit Menschen. »The new Gelassenheit« wird sich in Stärke wandeln, die Früchte trägt.

Als Grundlagen Ihrer neuen, gelassenen Karriereplanung möchte ich Ihnen fünf Punkte vorschlagen:

1. Das Selbstbild entwickeln
2. Das eigene Ziel finden
3. Stärken und Ziel deutlich signalisieren
4. Das Beste geben
5. Auf den Erfolg vertrauen

Das Fünf-Punkte-Programm zur gelassenen Karriereplanung

1. Das Selbstbild entwickeln

Ein gutes Selbstwertgefühl ist die Basis: Ich weiß, wer ich bin und was ich kann. Nicht immer haben Frauen ein solch klares, positives Selbstbild von sich. Sie fühlen sich nicht als etwas »Einzigartiges«, haben Schwierigkeiten, ihre Schokoladenseiten zu benennen. Grund ist allzu oft der weibliche Perfektionswahn: Wie können wir behaupten, etwas gut zu können, wenn wir es eigentlich noch besser können sollten ...

Ich weiß, wer ich bin und was ich kann.

Vor allem diese »innere Kritikerin«, wie Psychologen den Drang, sich selbst klein zu machen, nennen, hindert uns oft daran, uns wirklich klasse zu finden. Wir können fünf Fremdsprachen? Mein Gott, das können andere auch. Wir haben ein kleines Unternehmen aus dem Nichts aufgebaut? Na, es könnte noch erfolgreicher sein. Wir schaffen es prima, unseren Beruf und unsere Familie unter einen Hut zu bringen? Ach, der Sohn wäre bestimmt besser in der Schule, wenn wir uns mehr um ihn kümmern würden.

Die innere Kritikerin können Sie zur Räson rufen, wenn Sie sich selbst einmal ganz sachlich (aber trotzdem aufgeregt und begeistert) Ihre Talente, Fähigkeiten und bereits erzielten Erfolge vor Augen führen. Wenn es Ihnen allein schwer fällt, können Sie ja eine Freundin oder Ihren Partner um Hilfe bei diesem Stärkenprofil bitten. Manchmal »vergessen« wir nämlich einfach tolle Seiten an uns: Stimmt, ja, die Prüfung damals habe ich mit Auszeichnung gemacht. Oder: Nach der Ausbildung habe ich doch gleich diesen tollen Vertrag angeboten bekommen. Oder: Das Jahr als Au-pair-Mädchen in Australien ist ein Pluspunkt. Legen Sie dabei bitte einmal die ganze zauberhafte Bescheidenheit beiseite, die Sie sonst auszeichnet. Das Motto heißt: Think big!

Ich weiß, wie schwer es Frauen fällt, sich selbst das »hohe Lied« zu singen. Deshalb empfehle ich Ihnen: Schreiben Sie sich selbst quasi ein Zeugnis aus, in dem Sie akribisch Ihre Pluspunkte auflisten. Sie können dies auf verschiedenen Blättern tun (damit Platz für all das Wunderbare ist), die Sie nach folgenden Kriterien ordnen:

Think big!

- *Ausbildung/Berufserfahrung*
  Auf dieses Blatt kommen alle Abschlüsse, die Sie gemacht haben, auch Weiterbildungskurse. Vergessen Sie auch nicht das kleinste Wochenendseminar. Dazu kommen Ihre bisherigen Berufsstationen. Vergessen Sie Praktika nicht oder die vier Wochen, als Sie damals in den Sommerferien im Akkord Teebeutel verpackt haben.

- *Positive Eigenschaften/Kenntnisse*
  Was zeichnet Sie aus? Sind Sie der Ruhepol im größten Chaos oder besonders sensibel für Stimmungen? Worin kennen Sie sich besonders gut aus? Worin sind Sie Expertin? Auf diesem Blatt sollten mindestens 20 Stärken stehen! Auch wenn Sie sich quälen müssen, Sie finden mindestens so viele, versprochen.

- *Erfolge*

  Was haben Sie in Ihrem Leben Positives erreicht? Aus welchen Krisen haben Sie sich vielleicht auch befreit? Notieren Sie hier Erlebnisse, die Sie gemeistert haben. Suchen Sie nach der Heldin in sich. Und denken Sie dabei auch an die kleinen Erfolge: Als Sie damals trotz …

- *Kreative Ideen*

  Sammeln Sie hier Gedanken, die Sie schon lange mit sich herumtragen, Verbesserungsvorschläge, Ideen für Aktivitäten, entweder für Ihre jetzige berufliche Tätigkeit oder für die Vision, die Sie bisher immer ganz hinten im Kopf versteckt haben. Freuen Sie sich einfach daran, »ungelegte Eier« zu formulieren, wenigstens schon auf dem Papier Gestalt werden zu lassen.

Denken Sie bitte bei der Arbeit an der inneren Heldin daran: Nichts ist zu gering, um aufgeschrieben zu werden. Denn die vielen kleinen Puzzlesteine zusammen ergeben das ganze Bild. Sie werden sehen, dass Sie über all das staunen werden, was Sie so in die Waagschale werfen können. Dies ist Ihr Potential! Wäre doch gelacht, wenn sich niemand dafür interessieren würde!

2. Das eigene Ziel finden

Karriereplanung funktioniert natürlich nur, wenn wir auch ein Karriereziel haben. Die wenigsten Frauen können genau sagen, wo sie in drei oder fünf Jahren angekommen sein wollen.

Karrriereplanung funktioniert nur, wenn Sie auch ein Karriereziel haben.

Suchen Sie den Top-Job, der Sie 100-prozentig fordert? Suchen Sie die kreative Nische, in der Sie sich austoben können? Wollen Sie in fünf Jahren einen Job, in dem Sie ganz beruhigt ein, zwei Kinder bekommen können? Oder haben Sie schon ganz genau den Stuhl im Visier, auf dem Sie in spätestens zwei Jahren sitzen wollen?

Bei aller Gelassenheit: Die Richtung sollten Sie schon kennen. Denn sonst kann es passieren, dass Sie durch die Berufswelt schlingern wie ein Schiff ohne Kapitän. Mal dies, mal das machen, weil es sich gerade so ergeben hat oder weil jemand anderes meinte, das wäre doch genau das Richtige für Sie. Gelassene Karriereplanung bedeutet: Ihre eigenen Ziele zu formulieren, unabhängig davon, was andere von Ihnen erwarten. Ich weiß, wie schwer es fällt, so ein Ziel glasklar zu formulieren. Vielleicht hilft Ihnen dabei eine kleine Übung:

Formulieren Sie Ihre eigenen Ziele, unabhängig davon, was andere denken.

Karriere wie im Traum

Begeben Sie sich auf eine Traumreise. Suchen Sie sich einen absolut ruhigen Raum, in dem Sie nicht gestört werden. Schließen Sie die Augen und folgen Sie immer einer der gestellten Fragen. Warten Sie, bis Sie ein Bild davon haben. Dann öffnen Sie die Augen, lesen Sie die nächste Szene und tauchen Sie wieder in Ihre Phantasie ein. Schreiben Sie am Ende auf, welche Bilder Sie gesehen haben.

194

- Stellen Sie sich vor, es ist fünf Jahre später. Sie haben viel erreicht in Ihrem Leben. Es ist morgens, Sie gehen zur Arbeit.
- Sie kommen an das Gebäude, in dem Sie arbeiten. Wie sieht es aus?
- Welcher Name steht in großen Leuchtbuchstaben daran?
- Sie gehen zu Ihrem Arbeitsplatz. Welches Schild steht an Ihrer Tür?
- Sie gehen hinein. Wie schaut Ihr Arbeitsplatz aus? Welche Möbel stehen dort, welche Geräte?
- Auf einem Tisch liegt Post. Wer schreibt Ihnen? Können Sie die Absender lesen?
- Das Telefon klingelt. Wer ruft Sie an? Was will die Person mit Ihnen besprechen?
- Ein Mitarbeiter, eine Mitarbeiterin kommt herein. Was will die Person mit Ihnen besprechen?
- Der Arbeitstag ist zu Ende. Sie gehen abends mit einigen Leuten in ein Restaurant, denn es gibt etwas zu feiern. Was ist es?

So eine visionäre Reise kann Ihnen helfen, Wünsche, die tief im Unterbewusstsein verankert sind, bewusst zu machen. Vielleicht sind Sie erstaunt darüber, wo und wie Sie sich in Ihrer Zukunft »gesehen« haben. Aber durch die meditative Stimmung haben auch Sehnsüchte eine Chance gehört zu werden, die unsere innere Kritikerin sonst zum Schweigen bringt.

Wenn sich ein Ziel deutlich zeigt, schreiben Sie es gleich auf. Am besten mit großen Buchstaben auf einen Zettel, den

Sie irgendwo platzieren, wo Sie ihn regelmäßig sehen können. Damit Sie Ihr Ziel nicht wieder aus den Augen verlieren. Der große Vorteil einer solchen Zielbestimmung: Bei jedem Schritt, den Sie auf Ihrem Berufsweg machen, können Sie kurz abchecken: Führt er mich meinem Ziel wirklich näher?

Und: Wenn wir uns für etwas bewusst entscheiden, sind wir auch viel eher bereit, weniger lustige Seitenaspekte zu akzeptieren, eine längere Arbeitszeit etwa, eine Weiterbildung oder einen kleinen Umweg durch eine Abteilung, die wir nicht so mögen. Entscheidungsfreiheit heißt aber vor allem: Aufhören mit Jammern – über die böse Welt, über böse Chefs, über Arbeit, die uns anödet, über die Chancen, die uns unsere Eltern verbaut haben (»Ich hätte so gern Klavier lernen wollen, bestimmt wäre ich eine berühmte Pianistin geworden«). Gelassene Karriereplanung bedeutet, das Leben in die eigenen Hände zu nehmen und die Verantwortung dafür zu übernehmen.

3. Stärken und Ziele deutlich signalisieren

Gelassenheit heißt nicht Trägheit. Wenn wir Frauen die gleichen Chancen wie Männer haben wollen, müssen wir dafür sorgen, dass wir auch genauso in Erscheinung treten. Und deshalb gilt es, das Bewusstsein der eigenen Stärken und das berufliche Ziel souverän nach außen zu signalisieren. Überlegen Sie sich: Wer sollte von Ihrer Einzigartigkeit erfahren? Wem könnten Sie signalisieren, dass Sie weiterkommen wollen? Dass die anderen es schon von allein merken werden, was wir uns wünschen, ist auch im Berufsleben ein Märchen.

Eine überzeugende Selbst-PR hilft Ihnen dabei, die richtigen Signale auszusenden. Achten Sie einfach darauf, dass die richtigen, wichtigen Leute von Ihnen erfahren. Ihre Bühnen dafür:

Eine überzeugende Selbst-PR hilft Ihnen dabei.

Meetings, Vorträge, Vorschläge, Hausmitteilungen, Gespräche aller Art. Selbst-PR heißt Kommunikation – reden Sie mit Ihrer Zielgruppe, also mit denen, die Ihnen helfen können, Ihr Ziel zu erreichen: über Ihre Ideen, Ihre Erfahrungen, Ihre Erfolge.

Das Neue an der gelassenen Art nach oben zu kommen: Sie können sich ab und zu auch dazu entscheiden, einmal nichts zu sagen, sich in Meetings zurückzuhalten, gerne anderen Kollegen den Vorzug zu lassen. Und beim nächsten Mal sind dann wieder Sie strahlend an der Reihe. Sie können sich manchmal wie eine graue Maus anziehen, damit Sie von niemandem angesprochen werden, an schlechten Tagen etwa, wenn Sie nicht gut drauf sind, wenn Sie Ihre Kraft für etwas anderes brauchen, wenn Sie über etwas nachdenken wollen. Den Zwang zum Schrillen, den Zwang zum Wirbeln gibt es nicht! Aber wenn Sie Lust dazu haben, dann signalisieren Sie ruhig auch durch Ihr Äußeres, wohin Sie wollen. Wenn Sie eine Leitungsposition anstreben, sprechen, bewegen, kleiden Sie sich doch wie eine Chefin.

Die Stuttgarter Kommunikationstrainerin Dr. Gudrun Fey rät zu einem simplen, überraschenden Trick: »Frauen, die Karriere machen wollen, sollten Jacken mit Schulterpolstern tragen. Die gepolsterten Schultern signalisieren einen Anspruch auf Führung. Was früher die Epauletten an Uniformen waren, sind in Chefetagen heute die breiten Schultern. Probieren Sie es einmal aus, ich bin sicher, Sie werden anders behandelt!«

4. Das Beste geben

Während wir also ganz gelassen im Hier und Jetzt unsere Signalfähnchen schwingen, heißt es gleichzeitig, in der Praxis zu zeigen, was in uns steckt. Gelassene Karriereplanung heißt schließlich nicht, sich bequem zurückzulehnen und auf bessere Zeiten zu warten.

Das Beste zu geben heißt aber genauso wenig, sich totzuschuften oder hektisch Wellen zu machen. Auch hier ist Gelassenheit angesagt. Ich glaube zwar nicht an das Motto *Brave Mädchen arbeiten, die anderen machen Karriere!* Aber sich die Zeit zu nehmen, darüber nachzudenken, was und wie ich es tue, gehört durchaus zur gelassenen Karriereplanung.

Vielleicht kennen Sie schon das Pareto-Prinzip, auch 20/80-Prinzip genannt: Es besagt, dass ich mit 20 Prozent der zu leistenden Aufgaben schon 80 Prozent des Erfolges erreichen kann – wenn ich die richtigen 20 Prozent anpacke.

Für den Beruf bedeutet das: Prioritäten setzen. Die wichtigen Dinge zuerst erledigen. Was in Ihrem Fall am wichtigsten ist, wissen Sie selbst, Sie sind die **Setzen Sie** Expertin auf Ihrem Gebiet. Denken **Prioritäten.** Sie dabei auch an Ihre Zielgruppe: Es ist manchmal wichtiger, die Hausmitteilung über Ihren letzten Kundenerfolg nach oben zu schicken, als die Ablage zu erledigen.

Oft lenken wir uns aber mit Blödelkram ab, anstatt die

wirklich entscheidenden Arbeiten zu erledigen. Räumen erst noch mal die Schublade auf, statt endlich das wichtige Konzept fertigzustellen und abzugeben.

Die amerikanische Autorin Diane Ealy erklärt dies mit dem »prozessorientierten« Arbeiten von Frauen, während Männer eher »produktorientiert« seien. Kurz gesagt: Ein Mann würde auch ein Konzept, das gerade mal akzeptabel ist, abgeben, um die Sache ins Laufen zu bringen. Während eine Frau immer und immer noch Verbesserungsmöglichkeiten sieht, die sie daran hindern, endlich das Ergebnis abzugeben – und damit der kritischen Betrachtung auszusetzen.

Falls Sie manchmal Probleme haben, Projekte abzuschließen, hilft Ihnen vielleicht eine kleine Übung: Schließen Sie die Augen und stellen Sie sich vor, wie Sie sich fühlen werden, wenn Sie abgegeben haben, diese Freude, diese Genugtuung. »Sehen« Sie auch das fertige Projekt – das ist Ihr Werk!

Sobald Sie den Prozess und sein Ergebnis einmal intensiv visualisiert haben, können Sie die Sache schwungvoll über die Ziellinie bringen – ohne Verbissenheit, sondern mit der Überzeugung, Ihr Bestes zu geben.

Dabei sollten wir darauf achten, eine Balance zwischen Geben und Nehmen herzustellen. Ich meine: Zur Gelassenheit gehört auch, Hilfe und Unterstützung von anderen annehmen zu können. Wie oft haben Sie sich schon sagen hören: »Danke, das schaffe ich schon alleine«? Obwohl Unterstützung das Leben erheblich einfacher gemacht hätte? Jede Frau, auch die allerehrgeizigste (oder gerade die), hat ein Recht darauf, sich helfen zu lassen. Warum fällt es uns nur so verdammt schwer? Ganz oft stecken Botschaften dahinter, die wir schon in der Kindheit mitbekommen haben. Die können »Geht nicht«, »Gibt's nicht« oder »Du schaffst das schon!« heißen. Gerade Vater-Töchter (also die, in die der Vater sehr hohe Erwartungen gesteckt hat) überfordern sich sehr oft, weil sie meinen, um jeden Preis alles selbst können und schaffen zu müssen.

Gelassene Karriereplanung schließt sinnvolles Delegieren mit ein.

Denken Sie daran: Die gelassene Karriereplanung schließt ein sinnvolles Delegieren und andere um Unterstützung zu bitten mit ein. Denn Sie sind es wert, dass Ihnen geholfen wird!

5. Auf den Erfolg vertrauen

Erinnern Sie sich: »Akquirieren heißt, den Topf der Möglichkeiten proppenvoll zu machen, loslassen, abwarten und sich jeden Tag überraschen lassen!« So beschreibt die Münchner Unternehmensberaterin und Coach Monika Scheddin die gelassene Art, sich um Aufträge zu bemühen.

Dieses Vertrauen in die eigenen Stärken, in das eigene Ziel, mit der Gewissheit, das Beste zu geben, ist das beste Mittel gegen Stress. Sie haben es vielleicht selbst schon einmal gemerkt: Je verbissener wir uns in eine Sache reinhängen, desto mühsamer wird es, Erfolg zu haben. Und andere Dinge, die wir ganz locker gesehen haben, fallen uns plötzlich in den Schoß.

Vertrauen in die eigenen Stärken ist das beste Mittel gegen Stress.

Dies ist auch eine der Botschaften im Zeitalter der Gelassenheit: loslassen können. Durchaus darauf schauen, dass alle Möglichkeiten ausgeschöpft sind, und dann darauf vertrauen, dass sich das Richtige schon einstellen wird. Es ist ein wunderbares Gefühl, die Beine hochlegen zu können und zu sagen: »Ich habe getan, was ich tun konnte, jetzt heißt es abwarten.«

Meisterinnen der Gelassenheit gehen sogar noch einen Schritt weiter. Sie sagen: »Wenn es das Richtige für mich ist, wird es geschehen; wenn nicht, war es nicht das Richtige!«

Hier eine kleine Übung, mit der Sie Ihr persönliches Vertrauen auf die Zukunft jeden Morgen kurz stärken können. Von der großen Verhaltensforscherin Margaret Mead wird erzählt, dass sie sich jeden Morgen im Spiegel zurief: »Gott sei Dank, dass ich Margaret Mead bin!« Stellen Sie sich vor einen Spiegel, lächeln Sie sich an und sagen Sie laut: »Ich freue mich ... zu sein.« Fügen Sie dabei Ihren Namen ein. Anfangs wird das noch recht leise sein, steigern Sie die Lautstärke und Sie werden merken, welches Hochgefühl sich im Körper ausbreitet. Das heißt nicht, dass Sie ab sofort nur noch auf Rosen gebettet sind, aber Sie sind offen für kleine Wunder, die Ihnen passieren.

Gelassenheit fühlen:
Drei Übungen

»Gelassenheit lässt sich nicht simulieren«, sagt die Münchner Atemtherapeutin Barbara Lerch. Das heißt: Äußere Gelassenheit braucht innere Entspannung. Und die erreichen Sie auf der körperlichen Ebene durch befreiten Atem. Wer angespannt ist, hat eine verhärtete Wirbelsäule. Die Folge: Sie bekommen einen zu flachen Atem und sperren Ihre Energie dadurch ein. Der Atem bringt das Wesen zum Vorschein, er bringt uns zum Leuchten.

Barbara Lerch hat mir einige Übungen beigebracht, mit denen sich Gelassenheit (zurück-)finden lässt. »Als Erstes merkst du selbst, was sich verbessert, und es fühlt sich absolut gut an. Dann merken es auch die anderen.«

Für die ersten beiden Übungen sollten Sie sich vorab einen ruhigen Raum suchen, in dem Sie nicht gestört werden. Bitten Sie Partner oder Kinder für eine halbe Stunde um Rücksicht, stellen Sie das Telefon und das Radio ab. Die dritte Übung dient als »Rescue«-Mittel, wenn Sie in einer angespannten Situation blitzschnell zur Gelassenheit zurückfinden wollen.

1. Übung: Wie ein Grashalm im Wind
Der größte Feind der Gelassenheit ist Verspannung. Diese Verspannung macht sich meist in der Wirbelsäule bemerkbar. Die Folgen: Ein starrer Nacken, hochgezogene Schultern, Steifheit. Mit dieser Übung können wir unsere geistige

und innere Flexibilität zurückgewinnen. Sie funktioniert nach dem Motto »Sich selbst nachgeben«, bringt Atem zum Fließen – und damit Energie in Fluss.

Verspannung ist der größte Feind der Gelassenheit.

So geht's: Sie sitzen auf einem Hocker, die Füße stehen etwa schulterbreit fest auf dem Boden. Halten Sie das Becken leicht nach hinten gekippt, so dass Sie etwas hinter Ihren Sitzknochen rutschen. Dadurch wird der Rücken geschmeidiger. Machen Sie den Rücken ruhig etwas rund, bloß nicht steif zurücklehnen. Bewegen Sie jetzt nur Ihren Oberkörper ganz leicht wie ein Grashalm im sanften Wind, ganz langsam, nach vorn, hinten und zur Seite.

Schließen Sie die Augen, stellen Sie sich den lauen, leichten Wind vor, lassen Sie sich hängen, spielen Sie mit der Vorstellung des Grashalms. Wenn Sie diese Übung intensiv machen, erleben Sie, wie Ihre Wirbel reagieren, es kann sogar tüchtig knacksen. So lässt sich die ganze Wirbelsäule durcharbeiten.

Bis zu einer halben Stunde können Sie sich die Muße für mehr Gelassenheit nehmen. Ob Sie dafür morgens etwas früher aufstehen, sich in der Mittagspause zurückziehen oder sich die Übung für abends vor dem Schlafengehen aufheben, spielt keine Rolle. Wichtig ist nur, dass Sie die Übung mit innerer Achtsamkeit und Hingabe ausführen, also nicht nebenher die Einkaufsliste abhaken. Sie werden erleben, dass Sie während dieser Übung Klarheit über manche Sachen bekommen, ohne dass Sie sich gezielt Gedanken darüber machen müssen. Plötzlich ist ein Bild da, eine Idee.

2. Übung: An der Quelle der Energie

Gelassen sein können wir nur, wenn unser Energiehaushalt in der Balance ist. Eine wunderbare Übung dafür ist das Kreisen um die Mitte. Während diese Übung am Anfang einfach ein schönes Mittel ist, um zur Ruhe zu kommen, kann sie mit ein bisschen Übung eine Möglichkeit werden, tiefer zu uns selbst zu kommen.

Nur wenn unser Energiehaushalt in der Balance ist, können wir gelassen sein.

So geht's: Sie sitzen auf einem Hocker, die Füße fest auf dem Boden. Legen Sie beide Hände übereinander auf die Körpermitte, also etwas oberhalb des Bauchnabels. Spüren Sie Ihre Atembewegungen unter den Händen, jedoch ohne sich dabei extra anzustrengen. Einfach spüren. Dann ganz kleine, minimale Kreise mit dem Oberkörper um die eigene Mitte machen. Kreisen Sie abwechselnd in beide Richtungen. Es ist ein spannendes Gefühl, ganz bei sich zu sein, es gibt Kraft und Mut. Es kann aber auch sein, dass Sie bei dieser Übung merken, wie »alle« Sie derzeit sind, dass in letzter Zeit Ihre Bedürfnisse zu kurz gekommen sind. Durch das Kreisen um die Mitte finden Sie wieder zu sich.

3. Übung: Ruhig in Sekunden

Dies ist eine Übung, mit der Sie wirklich innerhalb von Sekunden Ihre Gelassenheit wieder finden können. Zum Beispiel in einer Gesprächssituation, in der die Aufregung Ihnen »den Boden unter den Füßen« wegzuziehen droht, etwa in

Wie Sie Ihre Gelassenheit wieder finden können.

einer schwierigen Verhandlung. Der große Vorteil: Außer Ihnen wird niemand die kleine Übung bemerken.

So geht's: Lassen Sie die Arme locker hängen, die Hände in Bauchhöhe, und legen Sie die Fingerkuppen gegeneinander. Sie haben diese Geste sicher schon öfter bei Menschen gesehen, die etwas sehr Wichtiges sagen wollen. Geben Sie nun gleichmäßigen Druck auf alle Kuppen. Durch den Druck setzt reflexartig ein tieferer Atem ein, der sofort beruhigt. Sie bekommen schlagartig einen klaren Kopf.

»Erfolg duftet wie Schokolade.«

Ein Porträt von Anita Roddick

□ *Anita Roddick, 56, ist Gründerin und Gesellschafterin von* The Body Shop *in Brighton.*

Es gibt drei Milliarden Frauen, die nicht wie Supermodels aussehen, und nur acht Frauen, die es tun!« Anita Roddick strahlt übers ganze Gesicht, wenn sie diesen Slogan aus ihrer letzten großen *Body-Shop*-Kampagne zitiert. Und sie liebt Ruby. Die dralle Rothaarige, die das Symbol dieser Kampagne ist. Ruby ist eine Puppe und das Gegenstück zu Barbie: Sie hat breite Oberschenkel und Hüften, einen Bauch, volle Brüste und ein rundes Gesicht. Ruby ist Anita Roddicks Symbol für »True Beauty«. Ich treffe Anita in einem kleinen Hotel in Hamburg-Pöseldorf, sie ist mit Ruby auf Deutschlandtournee. Ich stelle ihr als Erstes die Frage, die ich allen in diesem Buch porträtierten Frauen gestellt habe: Wie schmeckt Erfolg?

Anita kommt aus dem Lachen gar nicht mehr heraus: »Das ist die verrückteste Frage, die mir je im Leben gestellt wurde. Wonach schmeckt er, ich muss mir das bildhaft vorstellen. Ich könnte sagen, er schmeckt wie Schokolade. Ja, wie ein Topf warmer Schokolade. Erfolg zu haben bedeutet, ganz spontan tun zu können, was du willst, zum Beispiel nach Wien fliegen und in ein Café gehen und heiße Schokolade trinken. Ja, das ist es. Erfolg hat nichts mit Glamour zu tun oder mit Ruhm, und nichts mit Geld. Er bedeutet, dein eigenes Schicksal gestalten zu können.« Schokolade, aha, deshalb steht eine

»Erfolg zu haben bedeutet, ganz spontan tun zu können, was du willst.«

große Schale mit Trüffelpralinen auf unserem Tisch, an denen die Unternehmerin während des Interviews immer wieder nascht.

Noch vor 20 Jahren, so meint sie, hätte sie eine andere Definition von Erfolg gegeben: »Genug Geld zu haben, um die Kinder satt zu machen.« Vor zehn Jahren hätte sie ihren Erfolg noch damit verglichen, wie viele Mitarbeiter sie beschäftigt. »Mein Gott, jetzt haben wir über 400 Leute.« Ihre aktuelle Definition hat viel mit dem zu tun, was ihr heute wichtig ist: »In gewissem Maße haben wir das Business verändert, haben die Komponente der sozialen Verantwortung hineingebracht. Wir haben die Sprache geschärft, und wir sind ein Teil der Architekten in dieser neuen globalen Bewegung.«

Vor 22 Jahren gründete Anita Roddick, Kind italienischer Einwanderer, in Brighton ihren ersten *Body Shop*, einen kleinen Laden mit selbst gemachter Naturkosmetik. Heute ist sie zusammen mit Ehemann Gordon Vorstandsvorsitzende des weltweiten Unternehmens, das einen Jahresumsatz von 1,8 Milliarden Mark ausweist. Sie hält ein Viertel der *Body-Shop*-Aktien, ihr Vermögen wird auf über 200 Millionen Mark geschätzt.

Doch Idealistin ist sie geblieben. Sie war eine der Organisatorinnen der 4. Weltfrauenkonferenz in Peking. Sie liebt solche Großveranstaltungen. In Washington D.C. hielt sie mal einen Vortrag vor 4000 Frauen, zusammen mit Anita Hill, der Frau, die erfolgreich gegen sexuelle Belästigung geklagt hatte, und Gloria Steinem, der großen amerikanischen Frauenrechtlerin. Noch heute schwärmt sie: »Das war die tollste Veranstaltung, die ich je erlebt habe. 4000 Frauen, Spaß, Humor, Gelächter. Frauenlachen ist fantastisch! Dieses Lachen sprengt alle Grenzen, es fegt all den Bullshit weg, der so im richtigen Leben passiert. Diese Art, gemeinsam zu lachen, ist es, denke ich, die Frauen helfen wird, gut ins nächste Jahrtausend einzutreten.«

Vor allem jungen Frauen und Mädchen möchte sie mit den regelmäßigen Kampagnen, die in allen 1660 Filialen des *Body Shop* weltweit laufen, mehr Selbstbewusstsein vermitteln. Immer wieder prangert sie den Schlankheitswahn der westlichen Gesellschaften an: »90 Prozent aller jungen Frauen möchten gern abnehmen. Woher kommt das? Vor 25 Jahren wogen Fotomodelle acht Prozent weniger als der Durchschnitt der Frauen. Heute wiegen sie 23 Prozent weniger. Heute sind sogar magersüchtige Patientinnen noch dünner, als sie es vor einigen Jahren waren. Die Diätindustrie legt derweil an Gewicht zu. Zur Zeit setzen sie allein in den USA rund 33 Milliarden Dollar um. Ich behaupte: Wer den Körper einer Frau kontrolliert, kontrolliert auch das Wesen einer Frau.«

»Wer den Körper einer Frau kontrolliert, kontrolliert auch das Wesen einer Frau.«

Sie selbst ist stolz auf jede ihrer Falten, sie hält nichts vom Schlankheitswahn und würde sich nie liften lassen. Anlässlich ihres 20-jährigen Gründungsjubiläums benannte sie die Herkunft jeder einzelnen Falte:»20 Jahre Mum zugehört, such dir endlich einen anständigen Job« heißt die Falte auf ihrer Stirn. »20 Jahre versucht, in Vorstandssitzungen witzig zu sein« heißt die auf dem Kinn. Und:»Drei Jahrzehnte für sozialen Wandel demonstriert«, nennt sie die Fältchen unter den Augen.

Anita galt immer schon als wildes Mädchen. In ihrem Buch *Body and Soul* beschreibt sie:»Schon als kleines Kind in Littlehampton wurde mir bewusst, dass wir anders waren als englische Familien. Wir waren laut. Machten ständig Lärm, schrien und keiften herum, spielten laute Musik, aßen Nudeln und rochen nach Knoblauch.«

Dieses Anderssein, Etwas-Besonderes-Sein hat die Unternehmerin geprägt. »Egal welche Art Immigrantin du bist, ob Jüdin oder Pakistani oder Italienerin, du bist nie ein Teil der Gesellschaft. Du siehst die Gesellschaft immer vom Rande her. Ja, ich glaube, ein Outsider zu sein, Italienerin zu sein in dieser kleinen, blau getönten Stadt, das hat meinen Mut geschärft.«

Von ihrer Mutter bekam sie auf der einen Seite die ständige Botschaft mit:»Du bist anders als die anderen«, aber dies beinhaltete auch die Message: »Du bist etwas ganz Besonderes«. Anita Roddick: »Deshalb hatte ich vielleicht auch immer höhere Erwartungen an mein Leben. Und so eine besondere Arbeitsethik, die sagt, du wirst nichts erreichen ohne harte Arbeit. Meine Mutter sagte immer, die einzigen beiden Sachen im Leben sind Liebe und Arbeit. Muße gab es in ihrem Wortschatz nicht. Ebenso wenig wie in meinem heute.«

Nach der Schule absolvierte Anita Roddick eine Ausbildung als Lehrerin und in dieser Zeit hatte sie das erste Mal das Gefühl, etwas erfolgreich machen zu können. »Ich behandelte in Geschichte den Ersten Weltkrieg. Da bin ich mit 20 Schülern nach Frankreich getrampt, auf die Schlachtfelder. Außerhalb von Lyon, da sind diese Schützengräben. Und in die gingen wir, in denen übernachteten wir, blieben zwei Tage. Wir lasen Gedichte über den Ersten Weltkrieg, Theaterstücke, wir rezitierten sie in den Schützengräben. Ich glaube, die Schüler haben dort eine Menge gelernt. Und ich hatte das Gefühl, eine richtig gute Lehrerin zu sein. Ich glaube, diese Erfahrung hat mich geprägt.«

Nach einigen Jahren im Schuldienst zog es Anita Roddick auf den »Hippie Trail«. Sie reiste um die Welt, verdiente sich ihr Geld in verschiedenen Jobs. »Ich liebte das Treffen mit jungen Leuten, die frei und ungebunden herumreisten, überall zu Hause waren, sich kennen lernten und wieder auseinander gingen, immer auf Achse waren, die Welt und ihre eigenen Fähigkeiten erforschten.«

Auf ihren Reisen nach Tahiti, Australien und Afrika kam sie das erste Mal mit Naturkosmetik in Kontakt, eine Erfahrung, die ihren weiteren Lebensweg prägen sollte. Doch erst einmal heiratete sie Gordon Roddick, einen stillen Romantiker. Sie bekam zwei Töchter mit ihm und das bedeutete das Ende ihres gemeinsamen Traums, nach Australien zu gehen und eine Ananasplantage zu gründen.

Sie kauften stattdessen ein heruntergekommenes Hotel in Littlehampton und schlugen sich mehr schlecht als recht durch. »Eigentlich war es mehr ein Irrenhaus. Wir hatten so viele Verrückte bei uns wohnen. Da war beispielsweise eine Frau, die dachte, jeder Tag ist Dienstag, und sie dachte, es ist immer sieben Uhr morgens und Frühstückszeit. Sie kam jede Stunde runter und fragte, wo ist mein Frühstück? Manchmal schüttete sie Wasser auf die Handelsvertreter, die ein Zimmer bei uns wollten. Es war ein Irrenhaus.«

Nach kurzer Zeit kauften sie noch ein Restaurant dazu, das prächtig lief. Doch nach drei Jahren waren sie ausgepowert. Sie verkauften Hotel und Restaurant und Gordon beschloss, sich einen Traum zu erfüllen: Er wollte mit einem Pferd von Buenos Aires nach New York reiten.

Anita Roddick erinnert sich heute noch an den Moment, als er ihr seinen Plan gestand: »Ich war alles andere als begeistert darüber, zwei Jahre lang allein mit den Kindern zu bleiben. Andererseits habe ich ihn grenzenlos dafür bewundert, dass er so eine romantische, verrückte und mutige Idee hatte. Schließlich waren wir Kinder der verrückten 60er Jahre. Off we go. Ich konnte ihm unmöglich böse sein. Ich habe immer Leute bewundert, die nach Außergewöhnlichem streben, die ihren Träumen und Leidenschaften folgen, die große und verrückte Dinge in Angriff nehmen. Auf der anderen Seite war es meine große Chance: Ich wurde die Meisterin meines Lebens. Ich wollte nie im Schatten von jemand anderem stehen. Und außerdem«, der Schalk blitzt aus ihren Augen, »außerdem hatte ich einige Einladungen zu guten Dinnerpartys. Denn ich konnte die interessante Geschichte von meinem Mann erzählen, der per Pferd durch Südamerika reiste.«

»Ich wollte nie im Schatten von jemand anderem stehen.«

Die Ehe mit ihrem Mann, die mittlerweile über 30 Jahre besteht, sieht sie als einen großen Erfolg in ihrem Leben an. »Jeder denkt, das ist leicht, 30 Jahre verheiratet zu sein. Nein, es ist ein verdammter Erfolg.« Ja, ich habe richtig gehört, sie wiederholt es, »a bloody success.« »Wir leben in einer Gesellschaft, da heiraten die Leute, und wenn es irgendeinen verdammten Streit gibt« – sie sagt wieder »bloody argument« –, »dann lassen sie sich scheiden. Ich bekenne zu Gott, es ist wirklich schwer, verheiratet zu sein. Aber wir haben es geschafft.«

Und wie erfolgreich sieht sie sich als Mutter ihrer Töchter Sam und Justine? »Ich würde sicher einen Preis als interessanteste Mutter bekommen. Aber wenn es ein Preis wäre für die konventionellste Mutter, da würde ich wohl durchfallen.«

Als junge, vorübergehend allein erziehende Mutter wollte sie hauptsächlich ihre Mädchen durchfüttern. Deshalb hieß es, ihr eigenes Leben zu planen. Sie beschloss, einen kleinen Laden aufzumachen, mit Basiskosmetikprodukten in verschiedenen Größen: »Ich ärgerte mich nämlich schon seit

Jahren darüber, dass man nirgends normale Kosmetiksachen in kleinen Mengen kaufen konnte.« Sie nahm einen Kredit über 4000 Pfund auf und mietete einen kleinen, feuchten Ladenraum in Brighton, 20 Kilometer von Littlehampton entfernt, den sie mit dunkelgrüner Farbe ausmalte (»Weil nur diese Farbe die feuchten Stellen an den Wänden überdeckte«).

Woher nahm sie den Optimismus? Anita Roddick lacht wieder ihr schallendes, ansteckendes Lachen und sagt: »Es liegt an den Tomaten. Ich weiß, es klingt albern, aber ich schiebe das wirklich auf die Tomaten. In denen ist irgendein Stoff, der macht glücklich, optimistisch, froh. Wirklich, das ist biologisch bewiesen. Manche Pflanzen machen dich down, wie Zigarettentabak beispielsweise, und andere machen dich unglaublich glücklich, wie Tomaten eben oder Schokolade.«

Die These scheint zu stimmen, denn äußerst optimistisch entwickelte Anita Roddick zusammen mit einem jungen Drogisten aus der Umgebung die ersten 25 Produkte aus Kakaobutter, Jojobaöl, Mandelöl und Aloe Vera – alles Zutaten, die sie bei den Frauen auf Tahiti kennen gelernt hatte. Die billigsten Behälter, die sie auftreiben konnte, waren Plastikflaschen, wie sie von Krankenhäusern für Urinproben verwendet wurden. »Ich hatte aber nicht so viel Geld, diese Fläschchen in größeren Mengen zu kaufen, deshalb kam ich auf die Idee, den Kunden anzubieten, leere Flaschen wieder auffüllen zu lassen.«

Das *Body-Shop*-Konzept war geboren. Noch heute zeigen sich alle Filialen in dem typischen grünen Design. Die Produkte werden überwiegend aus Naturstoffen gewonnen, die Inhaltsstoffe auf dem Etikett genau erklärt und viele in Plastikflaschen verschiedener Größe angeboten, die zurückgegeben oder wieder aufgefüllt werden können. Die Zentrale des Weltkonzerns befindet sich übrigens immer noch in Südengland – und ist natürlich dunkelgrün.

Am Anfang ging der Verkauf nur schleppend, bis Anita beschloss: »Ich muss 300 Pfund in der Woche umsetzen.« Wenn dann am Ende der Woche nur 150 oder 200 Pfund in der Kasse waren, packte sie am Wochenende ihre Produkte in zwei große Henkelkörbe und ging von Haus zu Haus. »Und ich schaffte es. Es war wie in einer römischen Tragödie: Wenn du das nicht schaffst, dann wirst du sterben. Ich habe finanziell in diesem ersten Jahr unheimlich viel gelernt!«

Wann hat sie das erste Mal wirklich gespürt, dass ihr Unternehmen ein Erfolg ist? Anita Roddick überlegt etwas, dreht an ihren langen schwarzen Locken. »Ich glaube, das war im vierten Jahr. Wir eröffneten unseren ersten Laden in London, in Covent Garden. Das war wirklich ein gutes Symbol. Und das zweite Mal, dass ich meinen Erfolg begriff, das war, als wir mit dem *Body Shop* an die Börse gegangen sind. Zum allerersten Mal hat die BBC solch einen Börsenstart life übertragen. Als dann die Glocke läutete und der Handel losging, das war unglaublich. Und als dann die Kurse von 60 Pence auf 90 stiegen, dann auf 100, das war einfach bizarr. Da bemerkst du erst einmal, dass Fremde, mit denen du nie ein Wort gesprochen hast, die du nie berührst hast, die nie ein Produkt von dir gekauft haben, die nie in einem deiner Läden gewesen sind, dass diese Fremden sagen, jawohl, wir wollen investieren. Das war umwerfend. Und wenn Sie Erfolg auf der emotionalen Ebene meinen – ich glaube, mein größter Erfolg war, als wir 1989 durch eine Kampagne mit *Amnesty International* zusammen 17 politische Gefangene frei bekommen haben. 17 von 33, die wir frei bekommen wollten.« Anita Roddick wird fast feierlich bei dieser Aufzählung. Um gleich wieder in Lachen auszubrechen: »Ja, und ein Erfolg ist es auch, dass Tony Blair für alle seine Mitarbeiter Geschenke im *Body Shop* kauft und sie sogar bezahlt.«

Kennt sie das Sprichwort: Viel Feind, viel Ehr? Zum ersten Mal wird sie richtig ernst. »Hm, es ist sehr schwer, böse Dinge über sich selbst zu lesen. Diese Gerüchte, die immer wieder gestreut werden. Du sagst dir zwar, die können nicht dich meinen, das hast du nie getan. Aber du fragst dich schon, wer setzt solche Gerüchte in die Welt, und warum? Und warum wollen sie ausgerechnet dich fertig machen und nicht *Shell* oder *Union Carbige*, die wirklich schlimme Dinge tun? Ich glaube, sie ziehen besonders gern über weibliche Unternehmer her.«

Wenn wieder mal ein Gerücht die Runde macht, sei es, dass sie trotz aller Beteuerungen doch Tierversuche mit ihrer Kosmetik durchführe oder dass sie Kinderarbeit in der Dritten Welt unterstütze, dann braucht sie Gespräche mit Menschen, die ihr viel bedeuten: politische Aktivisten in aller Welt, Politiker, Unternehmer, die wie sie den alternativen Handel unterstützen. »Ich rufe die dann an und erzähle ihnen, was da wieder gegen mich läuft. Oder ich faxe ihnen oder schicke e-mails. Und dann höre ich ganz genau darauf, was die mir antworten. Und wenn die sagen, du hast dir nichts zuschulden kommen lassen, dann werde ich wieder ruhiger.«

Eine solche Peer Group, also Freunde sind ihrer Meinung nach unerlässlich für eine erfolgreiche Unternehmerin.

»Freunde sind unerlässlich für eine erfolgreiche Unternehmerin.«

»Du brauchst kein Netzwerk, du brauchst Vertraute. Dieser Mangel an Vertrauten ist die größte Gefahr. Denn du hast zu wenig Zeit, um Freundschaften und Bekanntschaften zu pflegen. Ich selbst könnte nicht in Therapiegruppen gehen, um mir bestätigen zu lassen: ›O Gott, das Leben ist so schrecklich ...‹« Anita Roddick muss lachen. »Nein, ich glaube das einfach nicht, dass Leute es schätzen, wenn man ihnen sagt, wie schlecht es einem geht. Ich glaube, andere Leute wollen dich nicht schwach sehen oder verwundbar. Wenn meine Freunde mir sagen, ich habe mir nichts vorzuwerfen, dann ist alles wieder gut. Ich denke, man braucht einen enormen Energieaufwand, um deprimiert zu sein, unglücklich zu bleiben. Und ich will einfach nicht diese Energie aufwenden, um unglücklich zu sein. Ich brauche sie, um aktiv zu sein.«

Was gibt ihr denn die Energie, Misserfolge wegzustecken, sich über Gerüchte hinwegzusetzen? »Es ist ganz einfach. Es ist die Tatsache, dass wir nicht lange zu leben haben. Ein Leben ist ernst, keine Anprobe. Es gibt keine zweite Chance. Ich hebe nichts für nichts auf.«

Welche Rolle spielt Leidenschaft in ihrem Leben? Anita Roddick wirft den Kopf zurück und strahlt: »Alles, was ich tue, tue ich aus Leidenschaft. Du kannst keinen Erfolg haben ohne leidenschaftliches, hartes Arbeiten.« Sie glaubt nicht, dass Erfolg etwas mit Glück zu tun hat. »Es gibt keinen Ozean voller Glück, es gibt einen Ozean voller Zähigkeit.« Andererseits sei Erfolg viel leichter, als die meisten Leute dächten. Sie glaubten, Erfolg habe immer was mit der finanziellen Ebene zu tun. Aber das stimme nicht. Sie glaubten, man müsse immer der Erste sein oder der Oberste an der Spitze, aber das stimme nicht. Anita Roddick: »Es ist einfach so, dass du deinen Platz in deinem Leben gefunden hast, wo du gehört wirst, wo du wichtig bist, egal, ob das zu Hause ist oder am Arbeitsplatz oder in einer Gemeinschaft. Und wichtig ist, dass du mit einer Arbeit dein Geld verdienst, die du gern machst. Dass du morgens aufstehst und lächelst. Wenn dieses Lächeln weg ist, vergiss es. Ich glaube nicht, dass Erfolg so schwierig ist.«

»Alles, was ich tue, tue ich aus Leidenschaft.«

Dagegen stehe die Überzeugung in unserer »glamoursüchtigen« Gesellschaft: »Erfolg wird definiert wie Schönheit. Schönheit wird immer nur als vergänglich dargestellt und als nützlich, und sie hat immer etwas mit dem Gesicht zu tun. Erfolg wird immer in Zusammenhang mit Glamour, Berühmtheit und der Höhe des Verdiensts gesehen. Aber ich denke, das ist falsch!«

Kann sie jungen Frauen ihren eigenen Lebensweg empfehlen? Anita Roddick wirft ihre dunklen Locken zurück, überlegt und sagt: »Ich würde ihnen raten, shape your life. Also gestalte dein Leben! Ich selbst war ein Outsider, ich hatte vor nichts Angst. Ich sah meine Mutter, wie sie unser italienisches Restaurant schmiss. Und ich lernte: Erfolg kommt nicht ohne Arbeit. Aber diese Arbeit muss Spaß machen. Schauen Sie sich an, welchem Stress Mädchen und Jungs heute ausgesetzt sind. Die Ausbildung ist kein Vergnügen mehr, es ist reines Karrieretraining für Jobs, die gar nicht mehr existieren. Und Jugend ist zu einem Werbegag verkommen.«

»Enjoy yourself« ist deshalb Anita Roddicks Botschaft. Erfolg bedeutet für sie:

1. Wichtig sein,
2. den eigenen Lebensunterhalt verdienen,
3. das eine Leben, das du hast, nutzen,
4. schon morgens lachen.

»Enjoy yourself« ist ihre Botschaft. Für mangelndes Selbstwertgefühl junger Mädchen macht sie zehn gesellschaftliche Symptome aus: Sexismus, Rassismus, Gewalt, Einsamkeit, Abhängigkeit, fehlendes Selbstvertrauen, Drogenmissbrauch, Pessimismus, Depression, Neid.

Und setzt zehn gesellschaftliche Symptome für ein hohes Selbstwertgefühl dagegen: sexuelle Freiheit, Gemeinschaftsgefühl, Meinungsfreiheit, sozialer Fortschritt, Optimismus, Stolz, Vertrauen, Kreativität, Unabhängigkeit und Wohlbefinden.

Sich selbst bezeichnet Anita Roddick als Feministin und Streiterin für die Menschenrechte. Sie vertraut beispielsweise auf »Fair Trade«, betreibt Handel mit Kooperativen und Kleinstunternehmen in vielen Ländern der so genannten Dritten Welt, verschafft den Menschen dort Einkünfte und

Aufträge – zu fairen Bedingungen. »Mir war immer klar, dass die Menschen dort Arbeit brauchen statt Almosen.« Sie betreibt Kampagnen für Menschenrechte, die parallel in allen *Body Shops* propagiert werden, kämpft immer wieder mit Unterschriftenaktionen für die Freiheit von politischen Gefangenen. Prangerte beispielsweise öffentlich den Ölkonzern *Shell* wegen seiner Politik in Nigeria an. Kämpfte zum 50-jährigen Bestehen der Menschenrechte öffentlich für die Freilassung der von den Chinesen inhaftierten tibetischen Nonne und Demokratin Ngawang Sangdrol.

Als persönliche Herausforderung und persönlichen Erfolg bezeichnet sie eine Erfahrung, die sie vor einigen Jahren machte: »Ich reiste zusammen mit einem Vagabund zweieinhalb Wochen durch die USA. Von Atlanta nach New Orleans. Dieser Tramp ist Däne, er versucht seit 20 Jahren, die Armut in Amerika zu dokumentieren. Ich hatte in einer schwarzen Gemeinde in Atlanta von ihm gehört. Er sah aus wie Charles Manson, war unglaublich groß und unglaublich dürr. Ich habe auf unserer Tour mit einem alten, klapprigen Truck viel fotografiert. Ich bin stolz, dass ich das überlebt habe. Ich bin in gefährliche Situationen geraten. Wir haben in Hütten übernachtet, in Baracken. Wir mussten in Garagen einbrechen, um mal zu duschen. Wir haben viele arme Menschen getroffen, Obdachlose, Ausgestoßene, Kriminelle. Wir haben viel Heroin gesehen und Crack.

Und dann bin ich zum Abschluss dieser Reise auf einem riesigen Kongress in New Orleans als Gastrednerin aufgetreten, mit lauter wichtigen Business-Leuten, diese ganzen Top-Manager von *Pepsi* und so. Ich habe denen erzählt, was ich gerade gesehen und erlebt hatte. Ich habe ihnen die Dias gezeigt von all dem unglaublichen Elend, das Amerika spaltet, von den Kindern, die in diesem Elend leben müssen. Sie hätten die Gesichter der Zuhörer sehen sollen! Wir wollten, dass die Presse das veröffentlicht. Aber die fanden die Bilder zu grausam, um sie zeigen zu können. Die wollten das nicht glauben, was ich erzählt habe.« Was hat ihr Mann zu diesem Abenteuer gesagt? Anita Roddick kichert: »Er hat es erst hinterher erfahren, Gott sei Dank. Das Geheimnis des Erfolgs ist: Sag deinem Ehemann erst, was du tun willst, wenn du es bereits getan hast!«

> **»Sag deinem Ehemann erst, was du tun willst, wenn du es bereits getan hast!«**

Anderssein als andere, das ist immer noch ein Ziel dieser außergewöhnlichen Unternehmerin, die heute noch davon überzeugt ist, dass Unternehmer zu sein »mehr bedeutet, als dicke Gewinne einzufahren. Du hast eine Verpflichtung, einen Teil dieses Gewinns zurückzugeben.«

Wie feiert sie ihre Erfolge? »Oh, auf verschiedene Weise. Ich feiere, indem ich Geld gebe an Organisationen, die ich unterstützen möchte, einige Museen, einige Menschenrechtsgruppen. Ich gebe ihnen einen großen Teil dessen, was ich verdiene, und es ist meine Wahl. Ich feiere, indem ich Bilder kaufe, meistens mexikanische Kunst. Ich feiere, indem ich meine Mutter überall hinschicke, wohin sie möchte. Ich feiere Erfolg, indem ich es mir mit meinem Geld leisten kann, nachzudenken und zu schreiben. Das ist ganz allein für mich. Und außerdem liebe ich es, Erfolge anderen mitzuteilen.

Mein Mann sagt immer, es gibt drei Formen der Kommunikation: Telegramm, Telefon und TellAnita.«

Lachend beantwortet sie auch meine letzte Frage, die Frage nach dem Duft des Erfolgs. Riecht er wie ein *Body Shop*? »O nein, ich denke dabei nicht an den *Body Shop*. Er riecht aber auch nicht nach Geld auf einer Schweizer Bank. Ich denke dabei an einen Duft zu Hause. Ja, er duftet nach einem Essen. Viele Leute sitzen an einem großen Tisch im Garten zusammen, inmitten von Blumen. Ein Baby wird gestillt, Kinder lachen, es gibt etwas wirklich Leckeres zu essen, etwas Italienisches natürlich. Du weißt, alles im Leben läuft gut. Und nach dem Essen«, Anita Roddick schlägt sich vor Lachen auf die Schenkel, während sie das sagt, »öffnet meine Mutter ihre Tasche und holt Schokolade raus, ganz viel Schokolade, alles riecht nach Schokolade, bloody loads of chocolate.«

Die Macht der Leidenschaft oder: Sind Sie glücklich in Ihrem Job?

Erfolg ist sexy, jawohl. Vor allem, wenn wir genau die Arbeit machen, die wir uns wünschen. Wenn wir die Fähigkeiten einsetzen, die uns auszeichnen. Wenn wir die Anerkennung bekommen, die wir verdienen. Wenn nicht – dann haben wir ein Problem.

Während eines Workshops fiel mir einmal eine Frau auf, die zum wiederholten Male erzählte, wie schrecklich ihr Chef sei und wie dämlich das ganze Großunternehmen sei, in dem sie als Chefsekretärin arbeitete. Irgendwann sprach ich sie direkt darauf an: »Sie hassen offensichtlich Ihren Job. Was würden Sie denn gern anderes machen?« In dem Augenblick veränderte sich ihre negative Ausstrahlung. Ihr Gesicht begann zu leuchten, als sie von ihrem Traum erzählte, Heilpraktikerin zu werden.

Erfolg ist sexy, jawohl!

»Warum setzen Sie diesen Traum nicht in die Wirklichkeit um?«, fragte ich sie. »Weil mir die 25 000 Mark für die Ausbildung fehlen«, antwortete sie, und ihr Gesicht verdüsterte sich wieder.

Wenn ich ihre Chefin wäre, würde ich ihr die 25 000 Mark als Abfindung schenken, nur damit sie tatsächlich geht. Aus verschiedenen Gründen: Einmal aus rein egoistischen, weil ich nicht gern eine Frau mit einer solch negativen Aura tagtäglich um mich haben wollte. Und zum Zweiten, um Schaden vom Unternehmen abzuwenden. Denn sie schimpft bestimmt nicht nur im Workshop über das »Sch... unternehmen«, sondern überall: beim Frisör, im Freundeskreis, beim Turnen, beim Bäcker ...

Es gab 1998 eine Befragung von Unternehmensberatern, die mutmaßten, dass zwei Drittel (!) aller ArbeitnehmerInnen in Deutschland in der inneren Kündigung leben. Diese Zahl ist kaum zu glauben: Zwei von drei arbeitenden Menschen sollen ihren Job ätzend finden, auf dem Absprung sein oder sich bis zur Pensionierung nur noch so durchwursteln wollen? Tja, die täglichen Erfahrungen sprechen dafür. Es gibt einfach zu viele LehrerInnen, die Kinder nur noch lästig finden; VerkäuferInnen die das Gleiche über ihre Kunden denken; TelefonistInnen, die nur im Abwehrkampf stehen; ManagerInnen, die nur noch den eigenen Vorteil im Auge haben; JournalistInnen, die nur noch zynisch sind; BeamtInnen, die dem vorzeitigen Ruhestand entgegenfiebern. Ich kann hier nicht alle Berufsgruppen aufführen, doch das Phänomen ist von der Arztpraxis bis zur Zuliefererindustrie dasselbe.

Das sind natürlich Extreme, aber haben Sie schon einmal darüber nachgedacht, wie glücklich Sie in Ihrem Beruf, an Ihrem Arbeitsplatz sind? Sie haben dieses Buch gekauft, weil Sie Erfolg sexy finden oder zumindest finden wollen. Haben Sie schon einmal geprüft, ob es da noch etwas gäbe, was Sie viel lieber oder viel besser machen könnten?

Meine Überzeugung ist: Schluss mit Jobs, die wir hassen oder die uns zu Tode langweilen. Das Leben ist zu kurz, um elend lange Tage an einem ungeliebten Arbeitsplatz zu verbringen. Nur wenn wir uns unserem Beruf mit Leidenschaft widmen, sind wir wirklich gut, sehen Sinn darin und ziehen Motivation daraus.

Schluss mit Jobs, die wir hassen!

Wenn wir im Job unglücklich sind, muss das nicht einmal heißen, dass wir schikaniert, geknechtet oder ausgebeutet werden. Jeder Job, das hat die amerikanische Psychologieprofessorin Barbara Bailey Reinhold festgestellt, unterliegt einer bestimmten Begeisterungskurve:

1. *Phase:* Berufsstart. Hoher Energiepegel mit viel Optimismus; jedoch fehlerhaftes Arbeiten, verbunden mit starken Ängsten.

2. *Phase:* Besser werden. Etwas geringerer Energiepegel, stärkeres Selbstvertrauen. Bessere Konzentration und Effizienz.

3. *Phase:* Spitzenleistung. Alles läuft wie am Schnürchen.

4. *Phase:* Etwas fehlt. Niedrigerer Energiepegel, geringerer persönlicher Einsatz und weniger Belohnung; Frustration, Langeweile, Enttäuschung.

5. *Phase:*	Ernsthafte Probleme. Geschwächtes Selbstver-
	trauen, Stress, körperliche Symptome. Es wird
	Zeit, die Arbeitsweise zu verändern oder den Ab-
	gang vorzubereiten.

Sie kennen vielleicht die englische Formel für Zufriedenheit im Job: Love it, change it, or leave it. Liebe deinen Job, verändere ihn oder verlasse ihn. Es gibt nur diese drei Alternativen. Der Münchner Psychologe Erich Bauer sagt: »Wenn Sie Ihrem Beruf Ihr Glück und Ihre Liebe geben, bekommen Sie alles zehnfach zurück!« Und vielleicht kennen Sie das alte chinesische Sprichwort: »Willst du für eine Stunde glücklich sein, betrink dich. Willst du drei Tage glücklich sein, dann heirate. Wenn du aber für immer glücklich sein willst, werde Gärtner.« Moderne Glücksforscher bestätigen, das Leben als Gärtner vereint einige Glücksmomente: etwas Nützliches tun, mit dem Rhythmus der Natur in Einklang sein, regelmäßige körperliche Arbeit, sich über gute Ernte freuen. Sicher können wir nicht alle Gärtnerinnen werden. Doch für mehr Lust im Beruf können wir etwas tun.

Die Formel für Zufriedenheit im Job: Love it, change it, or leave it.

Und sicher kennen Sie den Ausruf: »Frauen kriegen in diesem Laden ja sowieso keine Chance!« Ein Satz, der jede Motivation killt. Vorgesetzte, die nicht loben, Kollegen, die stänkern, Gehälter, die lachhaft, Arbeitszeiten, die mörderisch sind – es gibt noch tausend andere Gründe, demotiviert zu sein. Wissenschaftler behaupten schließlich: Von den 50 000 Gedanken, die wir täglich haben, sind 60 Prozent negativ!

Möglicherweise handelt es sich ja trotzdem um einen Traumjob, den Sie ungern aufgeben würden. Dann hilft nur eins: Suchen Sie eine neue Motivation in sich selbst. Wenn ich die Arbeit tue, für die ich mich bewusst entschieden habe, wenn das, was ich mache, Sinn für mich ergibt, dann habe ich auch Spaß an meiner Arbeit, egal was für ein Büffel mir gegenübersitzt. Wenn ich jedoch tatsächlich nur noch ausgebremst werde oder gar meinen Job hasse, gibt es nur eins: schleunigst nach Alternativen suchen. Wie sagt der Esel in dem Märchen *Die Bremer Stadtmusikanten:* »Was Bessres als den Tod findest du alleweil.« Oder anders ausgedrückt: Wann wollen Sie denn anfangen zu leben?

In der chinesischen Schrift gibt es zwei Zeichen für das Wort »Krise« – Gefahr und Chance.

»Das Eigentliche im Menschen wird eher durch den Stachel als durch eine Liebkosung zum Leben erweckt«, schrieb denn auch einmal der französische Schriftsteller André Gide.

Zwar wissen wir meist, was wir nicht mehr wollen, doch was wir wollen, liegt oft noch im Nebel. Und genau das macht uns Angst. »Lieber die bekannte Hölle als der unbekannte Himmel«, heißt dann die Verweilformel. Oder, wie Oskar Wilde es ausdrückte: »Das wirkliche Leben ist allzu häufig das Leben, das man nicht führt.«

Worauf hätten wir denn wirklich Lust? Klar, als Teenager hatten wir sehr konkrete Vorstellungen: Ausgrabungen leiten oder auf Bühnen stehen, Tiere pflegen oder in den schönsten Hotels der Welt arbeiten. Aber heute?

Der erste Schritt zu einem leidenschaftlichen Neuanfang: Lust.

Der erste Schritt zu einem leidenschaftlichen Neuanfang ist, überhaupt das Wort Lust wieder in unseren Sprachschatz aufzunehmen. Es geht nicht nur darum, unseren Unterhalt zu verdienen, es geht nicht darum, die Zeit bis zur Rente zu überbrücken. Es geht darum, jeden Tag mit Lust in die Arbeit zu gehen. Alles andere ist Strafe und Zwangsarbeit.

Vielleicht wissen Sie schon längst, welche Arbeit Ihnen Spaß machen würde. Eigentlich sind Sie schon halb auf dem Weg dahin. Schreiben Sie das auf. Wenn nicht, hilft Ihnen eventuell die folgende Übung, sich eine Idee davon zu machen: Schreiben Sie auf, was Sie tun würden, wenn Sie drei Millionen Mark mit der Auflage, weiter berufstätig zu bleiben, erben würden. Mit welchen Arbeiten würden Sie dann am liebsten Ihren Tag verbringen? Was würde Ihnen wirklich Spaß machen?

Wenn Sie das notiert haben, analysieren Sie doch einmal, mit welchen Berufsbildern diese Arbeiten zu tun haben. Und überlegen Sie dann, was sich von Ihren Träumen auch ohne die drei Millionen Mark verwirklichen ließe.

Oft fallen uns bei dieser Übung Tätigkeiten ein, die »unter unserer Qualifikation« liegen. Und die wir deshalb normalerweise niemals in Erwägung ziehen würden. Aber wer sagt denn, dass eine Apothekerin nicht glücklich in einem Blumengeschäft sein könnte? Wer sagt denn, dass eine kaufmännische Angestellte nicht ein gut laufendes Fahrradgeschäft führen könnte? Und warum sollte eine Volkswirtin nicht in einem Marionettentheater spielen? Es kommt schließlich auf die Leidenschaft an, die wir für eine Tätigkeit aufbringen.

Genauso oft fallen uns nur Berufe ein, für die wir nicht qualifiziert sind. Ach, da müsste ich erst studieren, denken wir und schieben den Wunsch gleich wieder zur Seite. Wer sagt denn, dass wir nicht noch studieren könnten? Woher wissen wir, dass da nicht auch Seiteneinsteigerinnen eine Chance bekommen? Warum machen wir uns nicht zusammen mit einer Expertin selbständig? Vielleicht reicht ja auch erst mal ein Kurs? Es kommt auf die Leidenschaft an, darauf, ob wir ein Ziel verfolgen.

Der Psychologe Paul Watzlawick beschreibt in seinem Buch *Anleitung zum Unglücklichsein* einfach zauberhaft die Methoden, mit denen wir uns vor dem Glück drücken, am Ziel angekommen zu sein: »Der Weg zum Erfolg ist aber beschwerlich, denn erstens müßte man sich anstrengen, und zweitens kann auch die beste Anstrengung schiefgehen. Statt sich nun banal auf eine Politik der kleinen Schritte auf ein überdies vernünftiges, erreichbares Ziel hin festzulegen, empfiehlt es sich, das Ziel bewunderungswürdig hoch zu setzen.«

Und so passiert es, dass viele Menschen im »Eigentlich-Land« hängen bleiben. Dort sind die Straßen gepflastert mit guten Vorsätzen. »Eigentlich würde ich ja gerne ...« ist der häufigste Satz der Bewohner, und auf diesen Anfang folgt immer ein »aber«. Vorgetragen wird dieser Satz mit einem klagenden Unterton,

Bleiben Sie nicht im »Eigentlich-Land« hängen.

weil ja die anderen schuld daran sind, dass die Eigentlich-Leute nicht mehr aus ihrem Leben machen.

Ich gebe zu, ich werde immer etwas ungeduldig mit diesen Eigentlich-Frauen. Und die wichtigste Übung, die ich mit ihnen mache, ist die Entscheidungs-Übung. Für jede Ausflucht in der Art »Ich muss ja ...« oder »Ich kann ja nicht ...« zwinge ich sie zur genauen Formulierung: »Ich habe mich entschieden ...« oder »Ich entscheide mich ...«.

Heißt die Ursprungsfloskel beispielsweise »Ich kann ja nur halbtags arbeiten«, ermutige ich sie zu sagen: »Ich habe mich entschieden, halbtags zu arbeiten.« Dann kommt meist schnell ein Einwand wie »Ja, aber ich muss doch wegen der Kinder.« Dann üben wir den neuen Satz: »Ich habe mich für Kinder entschieden, deshalb arbeite ich nur halbtags.«

Merken Sie den unterschiedlichen Ton bei diesen beiden Formulierungen?

»Ich kann ja nur halbtags arbeiten wegen der Kinder.«	*»Ich habe mich für einen Halbtagsjob entschieden, weil ich Kinder habe.«*

Der Unterschied liegt vor allem darin, dass ich im zweiten Fall die Verantwortung für das übernehme, was ich tue. Außerdem ist dann klar, dass ich mich auch anders hätte entscheiden können (die Kinder z.B. in eine Ganztagsbetreuung zu geben oder auf Kinder zu verzichten). Und diese Erkenntnis befreit: »Ja, es ist meine Entscheidung.«

Übernehmen Sie die Verantwortung und lassen Sie das Schicksal in Ruhe.

Andererseits kann es einen wichtigen Erkenntnisprozess in Gang setzen: Wenn es nicht meine Entscheidung ist, dann sollte ich darüber nachdenken, warum ich es trotzdem tue und wer hier für mich entschieden hat.

Wissenschaftler, so berichtete im März 1997 die Zeitschrift *Psychologie heute,* haben erforscht, wodurch sich glückliche von unglücklichen Menschen unterscheiden. Wichtigstes Merkmal: Glückliche Menschen sehen sich als Meister ihres Lebens.

Glückliche Menschen sehen sich als Meister ihres Lebens.

Das Gute und das Schlechte widerfahren ihnen nicht schicksalhaft, sie selbst sind deren Urheber. Und noch etwas fand der berühmte »Happy«-Forscher Mihaly Csikszentmihalyi heraus: Die meisten Glücksmomente empfinden Menschen am Arbeitsplatz!

Es geht also nicht darum, die Verantwortung für unser Leben auf andere zu schieben. Es geht darum, die Arbeit zu finden, die uns Spaß macht, die uns weiterbringt, die uns herausfordert und glücklich macht. Das heißt nicht, dass wir den ganzen Tag nur Fun in der Firma haben, dass wir nicht auch mal etwas machen müssen, das uns weniger Spaß macht. Doch wenn das letztere überwiegt, dann sollten wir uns nach etwas anderem umschauen.

Ich sage Ihnen ehrlich, nach neun Jahren *Cosmopolitan* war ich genau an einen solchen Punkt gekommen, dass ich mich entscheiden musste. Die große Euphorie war vorbei, ich machte zwar noch gute Arbeit, ich war angesehen, hatte Erfolge. Doch die Herausforderung sah ich nicht mehr. Ich war 45 und überlegte mir: »Willst du noch mit 60 dort arbeiten? Das kann nicht sein.« Gott sei Dank hatte ich mir nebenher über mein Bücherschreiben und die Seminare eine zweite Existenz aufgebaut, und so war der Übergang in die Selbständigkeit fließend. Trotzdem brauchte ich über ein Jahr, bis ich mich endlich traute, zu kündigen. Es ist nicht leicht, etwas, das man sehr mag, aufzugeben, das gilt auch für den Beruf. Und ich hätte sicher auch noch einige Jahre dort arbeiten können. Aber heute weiß ich, es war die beste Entscheidung meines Lebens. Ich habe so eine Freude in meiner neuen Tätigkeit, so viel Spannung und Erwartung. Und ich freue mich so, dass ich jetzt allein verantwortlich bin für mein Unternehmen. Nur ich treffe die Entscheidungen, nicht immer die richtigen, aber ich trage die Verantwortung gern. Und es macht so viel Sinn, was ich tue. Ich kann Menschen ermutigen, ihren Weg zu gehen, ihre »Einzigartigkeit« zu erkennen, kann Mut machen und ihnen auf den Weg helfen. Ich kann Bücher schreiben und Vorträge halten, beides Dinge, die ich für mein Leben gern tue. Welch ein Geschenk.

In Vorbereitung auf Vorträge, Seminare oder auf einzelne Kapitel beim Bücherschreiben ziehe ich mir regelmäßig eine Tarotkarte. Sie kennen diese Karten vielleicht, darauf sind Figuren oder Zeichen zu sehen, und sie dienen mir dazu, in mich hineinzuschauen und mich zu sammeln. Und erfahrungsgemäß ziehe ich immer die Karte, die genau zu meinem Thema passt.

In Vorbereitung zu diesem Kapitel zog ich den Stern-Ritter, eine sehr optimistische Karte, die vom Streben des Menschen handelt. In einem Buch, das ich dabei oft zu

Rate ziehe (*Tarot fürs Business* von Erich Bauer), las ich folgende Deutung: »Ein suchender, bewußter Mann oder eine Frau ... Der Stern-Ritter greift nach den Sternen ... Wenn er arbeitet oder Karriere macht, sind seine Ziele nicht nur Reichtum, Wohlstand oder Ruhm, sondern sich selbst zu finden, seinen ihm innewohnenden Auftrag zu finden und einzulösen. Wird die Karte für den Fragenden aufgedeckt, so kündet sie einen Aufbruch zu neuen Ufern. Dabei geht es darum, eine neue, sinnhafte Tätigkeit zu finden. Manchmal erinnert die Karte auch daran, den Weg der Selbstverwirklichung nicht aus den Augen zu verlieren.« Na, wenn das nicht passt!

Hier noch einige Wegweiser für einen solchen Weg zur Selbstverwirklichung:

Wegweiser zur Selbstverwirklichung.

- Lassen Sie sich nicht einreden, dass Sie keinen Anspruch auf den Traumjob haben. Denken Sie lieber daran, wie viele Jahre/Jahrzehnte Sie noch arbeiten wollen/müssen, und entscheiden Sie, ob es sich nicht dafür lohnt, mehr Erfüllung in den Beruf zu bringen.

- Blicken Sie ganz tief in Ihre Seele. Welche Sehnsüchte, welche Leidenschaften, welche völlig verrückten Ideen schlummern darin? Es gibt einen schönen englischen Ausdruck, »Passion pays«, übersetzt bedeutet er in etwa »Mit Leidenschaft gut verdienen«. Und meint: dass wir mit Jobs, die wir aus Leidenschaft machen, sehr gut auskommen können. Also: Lassen Sie sich in dieser Phase wirklich von Ihrer Leidenschaft leiten.

- Suchen Sie sich einen Unterstützer, der Ihnen zuhört und Sie versteht. Bei mir war es beispielsweise mein Mann, er war sofort auf meiner Seite und sagte: »Klar, mach es, ich weiß doch, dass du schon lange davon träumst.« Haben Sie in Ihrer näheren Umgebung keinen solchen Mutmacher, suchen Sie sich einen professionellen Coach, besprechen Sie mit ihm Ihre Träume. Und hören Sie nicht auf die »guten Ratschläge« Nahestehender, die weder bei sich noch bei Ihnen Veränderungen mögen.

- Klopfen Sie Ihren Traum auf seine Realisierungsfähigkeit ab. Checken Sie ab: Was müssen Sie dafür investieren, an Zeit, an Geld, an Anstrengung, an Veränderungen? Sind diese Investitionen überhaupt möglich und zu bewältigen? Was müssten Sie eventuell noch dafür tun? Wer sucht jemanden mit Ihren Fähigkeiten und Ihren Ideen? Wie machen Sie auf sich aufmerksam?

- Wenn Sie zu diesen Investitionen bei genauer Prüfung doch nicht bereit sind, legen Sie Ihre Liste ruhig noch einmal in die Schublade, und warten Sie, bis der richtige Zeitpunkt gekommen ist oder Sie eine realisierbare Alternative finden.

- Sind Sie noch etwas unsicher, ob Ja oder Nein? Schreiben Sie doch mal die Etappen auf, die Sie Ihrem Ziel näher bringen könnten. Ich habe mir in einer stillen, aber enorm energetischen Stunde am Bodensee, mit Blick über den aufgewühlten See, solche drei Stationen überlegt. Und als sie dann schwarz auf weiß auf dem Papier standen, wusste ich: Jetzt ist der Zeitpunkt gekommen.

- Stehlen Sie sich nicht aus Ihrem alten Job. Sie können nur einen guten Neubeginn hinlegen, wenn Sie Ihre Aufgaben und Verpflichtungen sauber zu Ende bringen. Es ist vielleicht verführerisch, sich mit einer guten Abfindung hinauswerfen zu lassen – aber was bedeutet das für Ihren Ruf, für Ihr Ego, Ihren Start?
- Freuen Sie sich auf die neue Aufgabe. Es kann der Beginn einer wunderbaren Freundschaft sein – mit Ihrer Arbeit.

Die Welt will erobert werden! Worauf warten Sie?

Ein Ausblick

Gratulation, Sie haben einen weiteren großen Schritt auf dem Weg zu Ihrem ganz persönlichen Erfolg geschafft. Erinnern Sie sich noch? Was dachten Sie, als Sie dieses Buch das erste Mal in den Händen hielten – Erfolg ist sexy? Waren Sie ungläubig, skeptisch, neugierig, aufgeregt, wussten Sie gleich: Das ist mein Buch?

Fühlen Sie doch einmal in sich hinein, was sich im Laufe des Lesens in Ihrem Inneren getan hat:

- Haben Sie Lust auf Erfolg bekommen? Das wünsche ich Ihnen sehr, denn Erfolg ist wirklich sexy!
- Möchten Sie Ihre sieben Sinne in Zukunft »putzen« und pflegen? Dann werden Sie in nächster Zeit jede Menge sinnlicher Erfahrungen machen.

- Haben Sie Mut bekommen, Ihr eigenes Leben zu leben, Ihrer Leidenschaft zu folgen? Dann wünsche ich Ihnen viel Erfolg auf diesem Weg, wie steil oder sanft auch immer er sein mag.
- Haben Sie die Beispiele erfolgreicher Frauen zum Nachdenken angeregt? Das sollten sie. Denn jede steht für die Einzigartigkeit jedes Menschen, jedes Erfolgs.
- Hat Sie der Unterschied zwischen Power und Energie überzeugt? Dann sind Sie im Fluss.
- Haben Sie die sieben Schlüssel zu mehr Gelassenheit gefunden? Dann wünsche ich Ihnen ein fröhliches Spiel des Lebens.

Literatur

Asgodom, Sabine: *Balancing – Beruf und Privatleben im Gleichgewicht.* Düsseldorf: Econ TB, 1992 (vergriffen).

Asgodom, Sabine: *Eigenlob stimmt. Erfolg durch Selbst-PR.* Düsseldorf: Econ, 13. Aufl. 1996.

Asgodom, Sabine: *Kinder und Karriere – geht das denn?* Düsseldorf: Econ TB, 1994.

Bailey Reinhold, Barbara: *Arbeit. Droge oder Elixier. Von Überlastung, Streß und Burnout-Syndrom zum Rundum-Glücklichsein.* Wien: Signum, 1996.

Bauer, Erich: *Tarot fürs Business. Uralte Weisheit im modernen Berufsleben.* München: Heyne 1996.

Berckhan, Barbara: *Die etwas gelassenere Art, sich durchzusetzen. Ein Selbstbehauptungstraining für Frauen.* München: Kösel, 15. Aufl. 1999.

Berger, Alexander/Ketterer, Andrea: *Warum nur davon träumen? Was Frauen über Sex wissen wollen.* München: dtv, 1997.

Dethlefsen, Thorwald: *Schicksal als Chance. Das Urwissen zur Vollkommenheit des Menschen.* München: Goldmann 1996.

Ealy, Diane C.: *Lebe kreativer! Ein HandlungsBuch für Frauen.* München: Droemer Knaur 1998.

Eberspächer, Hans: *Ressource Ich. Der ökonomische Umgang mit Streß.* München: Hanser, 1998.

Ehmann, Hermann: *Kreatives Nichtstun. Lassen Sie die Seele baumeln.* Landsberg/Lech: MVG, 1998.

Fey, Gudrun: *Gelassenheit siegt! Mit Fragen, Vorwürfen und Angriffen souverän umgehen.* Regensburg: Walhalla & Praetoria, 2. Aufl. 1999.

Goleman, Daniel: *Emotionale Intelligenz.* München: Hanser, 1996.

Hellinger, Bert: *Die Mitte fühlt sich leicht an. Vorträge und Geschichten.* München: Kösel, erw. u. überarb. NA 1996.

Hellinger, Bert; ten Hövel, Gabriele: *Anerkennen, was ist. Gespräche über Verstrickung und Lösung.* München: Kösel, 9. Aufl. 1999.

Hesse, Hermann: *Siddharta. Eine indische Dichtung.* Frankfurt/M.: Suhrkamp, 1975.

Horman, John: *Future Work. Signale für das Leben im 3. Jahrtausend.* Wiesbaden: Universum, 2. überarb. u. erw. Aufl. 1998.

Jahrmarkt, Manfred: *Das Tao-Management. Erfolgsschritte zur ganzheitlichen Führungspraxis.* München: Knaur TB, 1995.

Jeffers, Susan: *Selbstvertrauen gewinnen. Die Angst vor der Angst verlieren.* München: Kösel, Neuausgabe 1998.

Markert, Christopher: *Yin Yang.* Düsseldorf: Econ, 1983.

Montagu, Ashley: *Körperkontakt. Die Bedeutung der Haut für die Entwicklung des Menschen.* Stuttgart: Klett-Cotta, 9. Aufl. 1997.

Nerin, William F.: *Versöhnung mit den Eltern. Frei werden für das eigene Leben.* München: Kösel, 2. Aufl. 1997.

Roddick, Anita: *Body and Soul.* Düsseldorf: Econ 1994.

Satir, Virginia: *Kommunikation, Selbstwert, Kongruenz. Konzepte und Perspektiven familientherapeutischer Praxis.* Paderborn: Junfermann, 1990.

Sokoloff, Arthur: *Die Kraft der Gelassenheit. Fernöstliche Weisheit für einen stressfreien Alltag.* München: dtv, 1998.

Stemme, Fritz: *Die Entdeckung der Emotionalen Intelligenz.* München: Goldmann, 1997.

Watzlawick, Paul: *Anleitung zum Unglücklichsein.* München: Piper TB, 18. Aufl. 1999.

Zimmer, Renate: *Handbuch der Sinneswahrnehmung. Grundlagen einer ganzheitlichen Erziehung.* Freiburg: Herder, 6. Aufl. 1998.

Zitzmann, Ellen M.: *Keine Lust auf Frust. Mehr Lebensfreude gewinnen.* Frankfurt: Fischer TB, 1999.

Ohne Redeangst und Lampenfieber

Barbara Berckhan/Carola Krause/
Ulrike Röder
**Die erfolgreichere Art (auch Männer)
zu überzeugen**
Frauen überwinden ihre Redeangst
200 Seiten. Klappenbroschur
ISBN 3-466-30491-1

Wenn Sie bisher Angst hatten, Sie könnten sich blamieren oder etwas Falsches sagen, dann leistet dieses Buch wertvolle Hilfe. Es zeigt Ihnen, wie Sie Ihre Ängste und Hemmungen durch einfache und erprobte Methoden abbauen können.

Kösel online: www.koesel.de; e-mail: service@koesel.de